刘文 著

零基础投资理财课

中国商业出版社

图书在版编目（CIP）数据

零基础投资理财课 / 刘文著 . -- 北京：中国商业出版社，2018.3
ISBN 978-7-5208-0206-2

Ⅰ.①零… Ⅱ.①刘… Ⅲ.①投资—问题解答
Ⅳ.① F830.59-44

中国版本图书馆 CIP 数据核字 (2018) 第 015848 号

责任编辑：姜丽君

中国商业出版社出版发行
010-63180647 www.c-cbook.com

（100053 北京广安门内报国寺 1 号）
新华书店经销
北京明月印务有限责任公司印刷
*
700×1000 毫米　16 开　16.25 印张　260 千字
2018 年 6 月第 1 版　2018 年 6 月第 1 次印刷
定价：39.80 元
****
（如有印装质量问题可更换）

序
foreword

理财,那些你不能不了解的事

楼市高高在上,物价不断飙涨,工资赶不上消费的步伐,即便再节俭也难逃几乎"月月光"的现实。如今,经济像一张大网般,罩得人喘不过气来。我们奋斗着、拼搏着,但也依然贫穷着。

有些人说中国人是世界上最勤劳的民族,也有人说中国人是世界上最俭朴的民族,还有人说中国人是世界上最善于积蓄财富的民族。但现实是,大多数中国人并没有能够掌控财富,而是在被财富掌控着,究其原因,就在于我们普通人太不懂得

理财了。

中国人对于财富的理解一直都是直线式的,所谓取之有道、用之有度也就是辛苦赚钱、节俭花钱。然而,这种理解却是有局限的,尤其是在当下这个快节奏的消费社会中,财富的积累不仅仅只能依靠工作,财富的去向也不仅仅只有消费,投资理财反而应当是更多人的财富去向,可惜,大多中国人对此了解得太少了。

不过,少有少的好处,就如同一张白纸,遇到了新的事物便很容易接受。完全不懂得投资理财的读者不用为财富无法合理配置而担心,因为本书正是为完全不懂得投资理财的您所写的。

投资理财,简而言之就是投入资本、打理财富。有人说"投资理财得先有钱,我一分钱都没有怎么投资理财?"如果您也是抱着这种想法的,那么咱们就不用讨论了,您应该先努力工作赚钱。但只要不是抱着这种心态,至少大家都还有本职工作,每个月都还有一定的收入,那么您就应当学一点投资理财的知识和技巧。

理财并不是让你凭空生出钱来,而是让你用钱保值、用钱生钱。有些人会说了,自己把钱存进银行里又能保值又有利息,

还省得操心了。然而现实却是,在某些情况下,对财富这么毫无头绪的处置其实就是在丧失财富。不信读者可以算个账,你10年前存入银行10万元人民币,按利息算现在能有多少?应当不超过12万,但这10年来物价涨了多少呢?换句话说,10年前用10万元能做成的事,现在恐怕需要50万元才能做成吧!那么,你是赚了还是亏了呢?答案一目了然。

所谓"你不理财,财不理你",你对打理财富抱着无所谓的态度,那么最终就会丧失财富,而善于理财的人却能够在各种经济状况下游刃有余地生活。年薪10万元人民币,如果说能在北京买房,你肯定认为是天方夜谭,然而有多少还赚不到这些工资的人却依靠着合理配置自己的财富已经在北京安家落户了呢?与此同时,又有多少年薪20万元、30万元的人却依然没能拥有属于自己的固定资产呢?

人们生活的好坏,一部分在于个人创造财富的能力,另一部分则在于个人打理财富的能力。同样收入的两家人,会与不会理财就能让两家人过得像两个阶级。所以,为了让你和家人的生活更好,为了让你的财富更有保障,你就必须学一点投资理财的知识。

在本书中,我们并不讨论高深的投资理财技巧,也不给某

种理财产品做广告，只是用直白的文字向读者介绍一个完整的投资理财市场，给读者提供有关投资理财最实用的干货。

无论是股票、基金，还是外汇、期货，投资理财的前提是你对这些有了解，而了解的前提一定是从毫无基础的人都能看懂的知识入手。如果读者能够从本书中获取有用的知识，从而让自己走上合理搭配财富的道路，那这正是我们所希望看到的。

最后，需要提醒读者的一点是，无论何种投资理财，只要是有收益的地方就一定有风险，世界上没有不存在风险的收益，所以，读者在进行必要的投资理财的同时也要不忘风险意识。应当记住：投资的目的绝不是获取最高利润，而是让自己的财富最安全。

目录 Contents

序：理财，那些你不能不了解的事 / 001

第一篇　你为什么一定要理财 / 001

1.1 生活与理财息息相关 / 001

1.2 你是哪种理财者 / 006

第二篇　投资理财必须要有的知识储备 / 018

2.1 有关于投资的经济学知识 / 018

2.2 有关于投资的金融学知识 / 025

2.3 投资大师们的理财理念 / 032

第三篇　股市 / 039

3.1 股市投资是什么？ / 039

3.2 怎样进入股市进行投资？　／ 047

3.3 股市投资进阶　／ 051

第四篇　基金　／ 058

4.1 认识基金投资　／ 058

4.2 如何进行基金投资　／ 064

4.3 基金投资进阶　／ 069

第五篇　债券　／ 075

5.1 债券是什么　／ 075

5.2 如何进行债券投资　／ 082

5.3 债券投资技巧　／ 089

第六篇　信托　／ 095

6.1 什么是信托投资　／ 095

6.2 信托投资技巧　／ 100

第七篇　保险　／ 105

7.1 有保险才"保险"　／ 105

7.2 保险投资注意事项　／ 112

第八篇　外汇　／　119

8.1 读懂什么是外汇　／　119

8.2 外汇交易的实战操作　／　124

8.3 外汇的风险　／　130

第九篇　贵重金属　／　135

9.1 黄金的前世今生　／　135

9.2 投资黄金的渠道　／　140

9.3 影响黄金价格的因素　／　147

第十篇　房地产　／　154

10.1 房地产投资的基本概念　／　154

10.2 房地产的生财妙招　／　159

10.3 房地产投资项目风险　／　165

第十一篇　期货期权　／　168

11.1 什么是期货？　／　168

11.2 期货投资的策略　／　173

11.3 期货交易的风险　／　179

第十二篇　收藏品　/ 184

12.1 何为投资收藏品　/ 184

12.2 常见收藏品投资及其误区　/ 189

12.3 收藏品的投资原则和策略　/ 197

12.4 收藏品投资注意事项　/ 200

第十三篇　民间借贷　/ 202

13.1 投资民间借贷的利弊　/ 202

13.2 民间借贷与非法集资及 P2P 间的区别　/ 206

13.3 投资民间借贷，你不得不防的陷阱　/ 211

第十四篇　股权众筹　/ 215

14.1 认识股权众筹　/ 215

14.2 股权众筹的理财法则　/ 221

14.3 股权众筹投资的风险及防范　/ 227

第十五篇　互联网理财　/ 234

15.1 敲响互联网理财的大门　/ 234

15.2 互联网让你随时随地随心理财　/ 240

15.3 互联网理财的风险　/ 245

第一篇
你为什么一定要理财

1.1 生活与理财息息相关

1.1.1 活钱变死钱就是在浪费钱

储蓄,这是中国人自古以来的习惯,赚到钱之后把它存起来以备不时之需的财富观念,多年来中国人都是这么秉持的。

然而,在投资理论中,储蓄却是一种"浪费钱"的行为。因为钱如果不能生钱,那么它就变成了"死钱"。

圣经《新约·马太福音》中有这样一个寓言:一位国王交给三个仆人每人一袋钱,并嘱咐他们:"你们去做生意吧,等回来的时候,让我看看你们都赚了多少钱。"

过了一段时间，那三个仆人回来了。第一个仆人已经利用一袋钱赚了十袋钱，于是国王奖励了他一座城邑；第二个仆人则赚了五袋钱，国王奖励了他一个村镇；只有第三个仆人因为怕亏本而不敢冒险，什么生意也不敢做，最终还是攥着那一袋钱。第三个仆人以为国王会奖给他几个农户，可国王命令将第三位仆人的一袋子钱奖赏给了第一位仆人，说："凡是少的，就连他所有的也要夺过来。凡是多的，还要给他，叫他多多益善。"

这个故事的道理就是，钱放在那里变成死钱是最愚蠢的。所谓"流水不腐，户枢不蠹"说的就是这个意思。钱只有流通起来，才能发挥出它的作用，才能钱生钱。如果你的钱只是放在那里，只会越来越贬值，因为现在的通货膨胀已让钱越来越不值钱。44年前将1200元存在银行，现在能取出多少呢？

据新闻报道，一张44年前的1200元银行存单，存钱者奔赴了各家银行，都得不到能否取出的答案。后来存钱者费了很多周折，才终于成功取出了这笔44年的存单，连本带息共计取出2684.04元。44年前的普通职工工资每月为20多元，那时好的大米一斤才0.13元，猪肉才0.71元，当年家里如果有12口人，一天的生活费也就1元钱。44年前的1200元可是一笔巨款，在当时能买一套房，结果现在只能买一张床垫，还不是最好的。

看了这个新闻，你还会傻傻地直接把钱放在银行，一放好几十年吗？可是不放银行，难道都把它花掉吗？当然不是！你需要的是投资，是把钱放到能给你带来利息尤其是复利的地方。不要小看复利的威力，那可是让投资者兴奋的东西，看看下面一组比较你就知道了。

假设你有10万元钱，如果存在银行，按3%的存款利率，复利计算，第一年可获得利息3000元，第二年可获得利息6090年，五年后共计获得利息

15927.4元,看起来也不错。

但是,如果你购买了年化利率为4%的货币基金类的理财产品,五年后获得的收益是21665.3元。换个存款方式,就多出几千元呢。

再假如你买了年化利率为10%的金融类理财产品,五年后获得的收益是61051元,这个一下会多出好几倍吧。

再假如你选择了一个风险相对较大的基金产品,假设按年收益20%计算,五年后获得的收益是148832元。没看错,你的收益已经超过本金了。

也许你会跟本文开头的第三个仆人那样,害怕投资亏钱而不敢冒险,只能让自己的钱躺在银行,等着它慢慢贬值,慢慢"被缩水"。

其实,投资没有我们想象中那么可怕。从小我们就被教育要好好学习,通过自己的能力去赚钱,却从来没有人告诉我们应用钱去生钱。在学校里,我们也学不到投资理财方面的知识,工作后也没有人告诉我们该怎样管理自己的钱财、该怎样去获得最大的利益。从小到大我们接触的教育就是,不要乱花钱,把钱存在银行。但是在通货膨胀的大环境下,如果你还是奉行这样的理财观,那么财务自由估计就同你没有关系了。

随着时代的发展,很多人的消费观有了很大改善,可是我们的国人理财观基本上没怎么改变。一听说股票、基金,各种告诫都来了,那些东西碰不得,不是普通人能玩的,看看有多少血本无归的。

仔细分析那些失败的投资者,他们很多都是投机者,想一夜暴富,这样的其实都是在"赌博",在赌场最终能有几个会赢的?投资市场虽然有风险,但是只要我们有正确的投资心态,通过学习找出市场的一些规律来,养成自己的投资风格,通过价值投资与趋势投资,我们还是可以做到在规避风险时获得不错的收益的。

害怕是因为自己什么都不懂,如果你胸有成竹了还会害怕吗?给自

己定个系统的学习计划吧,掌握必要的知识后再开始。然后利用自己的所学,让躺着的钱动起来,让它们来给你创造更多的价值。

1.1.2 把眼光放在未来的钱上面

如果有一天,你交上了好运,获得了一个神灯。神灯里的巨魔出现了,他对你说:"你作为我的主人,我会为你奉献一切,如果你要财富,我现在就可以给你。我有两种给你财富的方式,第一种是一次性给你1000万,第二种是第一天给你1块、第二天给你2块、第三天给你4块,以后每天给你的钱都是前一天的2倍,连续给你30天,你要选哪个?"

如果你是神灯的主人,你会选择哪种呢?一次性1000万元,感觉够了,买一辆劳斯莱斯都绰绰有余。如果选择今天1块钱、明天2块钱,前几天的温饱都是个问题,还有万一上帝过几天反悔不给钱了呢?

到底是选择眼前既得的不错收益,还是牺牲眼前的享受来博取未来更大的收益呢?如果是第二种给钱的方法,30天后我们到底能拿到多少钱呢?如果告诉你,到第30天的时候,你将一次性得到536870912元,绝大多数人还会纠结吗?

我们很多人都会觉得今天花点小钱没什么,明天花点小钱也无所谓,那点钱能干什么呢?投资即使利润翻几倍也还是那点,何必为了这点钱而委屈自己呢?还让自己在该吃喝玩乐的时候没有享受到,看看身边那些省吃俭用的,除了看到他们艰苦地生活外,也没见他们比自己好到哪里去。

事实似乎就是如此,在一段时间内你与那些省钱进行投资的人看起来没有什么区别,甚至你比他们要潇洒很多。可是时间拉长后,10年,20

年,30年……到了老年,你们的区别就能显现出来了。10年后别人买房了,如果不是亲人帮忙,你还是连首付都付不起;20年后别人有了自己的公司,你还在辛苦地打工;30年后别人财务自由了,你还在气愤国家为什么要延迟退休。到老年的时候,别人都在幸福地变老,也许你还在苦恼退休金该怎样分配到看病和生活中的比例。

两种生活方式,为什么短时间内看起来没什么区别,但是时间拉长后就区别这么大呢?因为财富的累积可以通过复利的长期作用去实现。即使是一块钱,只要给它足够的时间也能变成1亿元。所以,在人生开始积累的阶段不要随意浪费每一分钱。

巴菲特说:"人生就像滚雪球,需要的是发现很湿的雪和很长的坡。"雪很湿,比喻年收益很高;坡很长,比喻复利增值的时间很长。

巴菲特从1965年接管伯克希尔公司,到2010年,46年间平均取得了20.2%的年复合收益率,虽然只比市场多赚了10.8%,但是46年间巴菲特却累积赚了90409%,指数累积增长了6262%。

另外,我们的钱是具有时间价值的。今天的1元钱和一年后的1元钱,其潜在的经济价值是不相等的。

我们把1块钱用于消费只能获得眼前的享受,可是如果我们把1块钱用于投资则会增值。我们获得的收益,就是货币的时间价值。投资就是把消费推迟到将来。

在很多人心中,总以为能够靠投资致富的条件是需要雄厚的资金和高额的投资回报,觉得自己这点钱不可能创造什么财富。而看了上面的例子,你还看不起小钱吗?今天的一块钱,并不等于明天的一块钱。如果给予复利足够的时间,它能带给你一个惊人的数字。我们来看看下面的定投收益,你就能够感受得到了。

如果你每个月固定投资100元,每年投资报酬率为24%,10年后是4.2万元、20年后是40.3万元、30年后是350.4万元、40年后是3015.8万元。

每个月定投100元,相信大家都能有这个经济实力,难的是保证每年的投资回报率都能在24%及以上,这就得需要我们不断进行学习了。虽然得到这个回报率有点困难,可也不是做不到。只要我们把握住投资的窍门,并且坚持正确的投资原则和习惯,就一定会获得可观的回报。本书的后面章节会逐步讲解,怎样从投资小白变成投资达人。

1.2 你是哪种理财者

1.2.1 收入不同,理财重点也不同

在一堂理财培训课上,老师让大家根据自己的收入做个理财计划。小玉问老师:"我工资一个月才2000多元,也要做吗?"老师轻声回答:"当然了,收入多有多的理财法,收入少有少的方法,只要有收入便都能理财。只要努力跟着学习,你的资产会慢慢增加的。"

理财不是有钱人的专利,即使收入再少,只要你愿意打理就都可以去理财,但是由于拥有的财产不同,理财的侧重点也有不同,"看菜吃饭"同样适用于理财。下面我们来看看不同收入阶层的不同理财方法。

第一类是月入在3000元以内的上班族:

这类人群大多是刚刚走上工作岗位,正处于人生的成长期,收入也处于起步阶段,这个阶段理财的关键是让自己的收入与支出能够平衡,重点在于抑制不必要的消费,节流重于开源。此外,懂得投资自己,多多学

习并努力提高自己的工作技能，争取升职加薪，这样才会有更多的闲余资金。

一、学会节流。节省是理财的第一步，收入是有限的，只有节省下那些不必要的开支才能省下更多的钱。

二、做好开源。3000元的月薪向上的提薪空间还很大，与其苦苦存着几千块钱一年拿着百十块钱的利息，还不如给自己充电早日加薪，这样的效率才是最高的。

三、选择适合自己的理财产品。如果每月还能有几百元的盈余，可以做一些定投理财产品，选择一个正规的平台，或者找一个趋势不错的基金，坚持定投，也能开启自己的理财之路。

第二类是月收入在3000元到10000元的人群：

这类人大多已经有了三四年工作经验，个人收入还会有所提高，但工作和生活的压力也会增加，如职位升迁、组建家庭、抚育孩子等。因此，这个阶段的人群一定要好好规划自己的资产，以达到收益最大化。

一、必要的流动资产。这主要是为了解决基本生活消费和预防突发性事件。

二、合理的消费支出。挣的钱多，不代表你就有钱。赚的钱不是钱，省下来的钱才是钱。

三、积累财富。有了资本后可以选购更多的理财产品了，如股票、基金、国债、房产、期货等等，国债的风险低，收益低；基金的风险高于国债低于股票，收益也介于两者之间，基金定投被称为"懒人理财法"；而股票投资的风险高，收益也高，但不适合不敢冒险且受压能力弱的人；房产投资的本钱大，收益情况则要看国家的政策和形势；期货市场风险太大，但是其收益也非常大。大家可以根据自己的资产状况以及风险承担能

力选择适合的理财方式，但是有一个原则就是不要借钱投资。

第三类是月入万元以上：

这类人士是金领阶层，大多在30岁左右，正是年富力强之时，收入还会快速地增长。由于多年的积累，他们有不菲的存款，也有较强的实力进行风险投资，他们理财的重点则是日常预算和债务管理方面。

一、降低现金的额度，发挥出流动资金的最大效用。把存款按照一定的比例存入银行、理财平台用于人民币理财产品和货币基金，以保证留有足够的兼顾流动性与收益性的备用资金。

二、风险承受能力较强。因为可以抵抗风险，可以把自己的财富进行资产组合投资，在稳健型投资的基础上，以适当的比例进行一些风险大收益大的投资以及房产、贵金属、工艺品等的投资。资产组合投资能够达到良好的分散化效果，从而降低整体的投资风险水平。

三、从家庭理财规划来看，保险是所有理财工具中最具防护性的。建议给家庭多增加一份保险，增加意外伤害类和医疗保障类保险以及重大疾病保险，因为投保年龄越小保费越便宜。还可以考虑定期寿险，以尽可能小的费用来获得大的保障。

不同的收入有不同的理财方式，虽然理财不会一夜暴富，但是坚持理性持久的理财习惯可以让我们实现财务自由的梦想，理财从任何时候开始都不算晚，但是越早开始越好，理财是走向成功的另一条道路。

1.2.2　工薪阶层，理性看待理财

在城市中，人们将靠工资薪酬的收入生活的人称为工薪阶层。无论你的工资有多高、福利有多好，只要你是领取工资，不是自己拥有实体公

司、企业之类的人员,就都属于工薪阶层。

工薪阶层最大的困境在于,对于工作的依赖性太大,不敢肆意挥霍,对于投资也必须相对谨慎。

小米毕业后在一个四线的小城市生活,工资3000多块钱,在当地这个收入还凑合,可是跟当时去了北京、上海等大城市工作的同学没法比,他们的工资都是年薪几十万元,同学听了她的工资都觉得这么少怎么够生活,可是小米却依靠自己的计划把日子过得很惬意。

首先,房价每平方米相差约十倍,这边只要几千元一平,他们那边却要几万元一平,她一个月的收入能买0.6平,而那些大城市的只能买0.3平,这样算下来还是自己收入更"高"呢。

其次,小地方的工作压力没有那么大,基本上不用加班,应酬也不多,上下班花在路上的时间也少,可以用这些时间发展自己的爱好。小米喜欢瑜伽,休息时就会去练,几年过去不仅自己的身体好了很多,还被瑜伽馆聘为教练,既能免费去练瑜伽,还有一份额外的收入。小米把这份额外的收入进行投资,为了能让这份投资的收益满足每年出去旅游的开支需要,小米又学习了理财方面的知识,把自己从理财的小白变成了理财达人。除了获得了金钱的收益快感外,还获得了各地美景的眼福。

小米是一个工作认真负责的人,平时也会钻研自己的本专业,除了自己的工作完成得好外,还经常会帮助同事们,获得了领导以及同事的认可。后来自己所在部门的经理职位出现空缺,其就被提拔了上去,当然工资也增加了不少。小米的工资虽然不高,可是依然过得有滋有味,他们高收入的同学都很羡慕她的惬意生活。

最后,因为瑜伽越来越受大家的欢迎,原来的瑜伽馆老板想要再开一

个瑜伽店，于是小米就入了伙。现在每个月的理财收入和瑜伽馆的利润都已经超过她的工资收入，在同学们还努力工作希望工资的涨幅能够超过通货膨胀速度时，她却已经实现了财务自由。

她是怎么做到的呢？她说：因为自己的收入少，这是事实，并且短期内也没有改变的可能，只能控制自己的消费，每月工资发下来，很多人去还卡债，而我则把钱存起来，都存了定期的。为了防止自己的非理性消费，没有办一张信用卡。然后把每月固定的房租、电话费、车费都存上，再把自己这个月需要购买的必需品的预算留出来。

其次，每月给自己投资一点钱充电，不管是哪方面的，这个社会不学习就会落后。最后，每日的花费都记账，虽然钱不多，但是知道自己钱去了哪里，月底时进行总结，看看有什么不必要的花费要去掉，如果还有剩余的就再存起来。坚持几年后，除了攒下一笔钱外，最主要的是养成了良好习惯，不再乱花钱了，并且总在学习，爱好和事业都有斩获。

总之，一句话"不以善小而不为，不以恶小而为之。"很多东西坚持几个月可能看不出什么，可是坚持五年十年收获却是很大的。

对自己的收入不满意，觉得自己收入低的小伙伴们，正视自己的收入，确定目标然后努力去改变吧，一个糟糕的开始不代表一个悲惨的结局，只要你愿意开始，什么时任都不算晚。

1.2.3 "酷抠"族，钱要放在对的地方

"酷抠"是一个网络流行语，是指当下一种时尚的抠门。"酷抠"里的"抠"是褒义词，因为酷抠族崇尚的是"节约光荣、浪费可耻"。

酷抠族不一定穷，也不是守财奴，他们一般具有较高的学历和不菲的

收入。他们喜欢精打细算但绝不是吝啬,而是一种节约的方式。他们喜欢高质量、优雅的生活,具有很好的审美观和高雅的生活品位。他们结合了传统的节俭和现代时尚思维模式,生活过得有滋有味。

今年30岁的安民国是某私企的会计主管,收入在当地属于中等水平,通过自己的酷抠,仅5年时间就攒够了婚房的首付,实现了自己"先节财后增值"的理财观。

他做事十分注重计划,每次购物之前都会预先想好要买什么,每次消费之后都会将开支记录下来,月底时总结一次,找出不合理的开支,以后加以杜绝。在每月发工资之前,都会将上月结余的钱存入一年定期。等这些存款到期,如果有大件消费计划就拿出来用,没有时就将存款及利息转存一年定期。通过这种12张存单式的理财方式,一年多后,加上领到的年终奖,银行存款居然有5万多元了。

有了一定积蓄后,他决定让自己的存款增值。在咨询一些理财专家后,其决定将理财分为三部分:一、将银行里到期的全部存款都购买了三年期国债;二、工资增加后每月可存下3600元,其中2600元存定期,剩下的1000元则购买定期定额的基金,直接从账户里扣除。

决定这样做,是基于如下考虑:银行定期存款每月都有到期的,可以应付一些意外开销;等过几年后打算买房子时,三年期的国债刚好到期,国债的收益稳定,比定期存款的利息要高。三、基金的风险比较大,但平均收益比较高,定期定投能够降低风险,与国债组合投资,既能够增值,又能够降低风险。当然,在安民国努力实现自己的买楼梦想时也并没有亏待自己。

他除了留出能够保证生活质量的费用外,平时也会和朋友去一些消费不高的餐饮、娱乐场所消费,节假日公司发了过节费或者遇上高兴的事,也会买一些礼物，特别犒劳一下自己。只不过，这些都是在"掌握"之中的。

酷抠族的共同之处就是"抠""一分钱掰两瓣花"，他们的理念为"省钱就是在赚钱"。"抠门"不代表要过苦日子，在饭店吃完饭了把剩菜顺便打包，这是杜绝浪费、节省开支。淘宝网上购物用返利网，简单一步却能省下不该花的钱，何乐而不为呢？请朋友吃饭尽量在家请，自己做，干净卫生，气氛还很好，还能省钱，有时朋友一起做饭会增加很多有趣的回忆。

买衣服，买一两件简单基本款的衣服能进行不同的搭配，把一件衣服穿出十件的感觉来。喝咖啡不一定非要选择星巴克，在家泡一杯咖啡，捧一本书，在有阳光的午后，那种感觉不比星巴克差。当奢侈品充满了大街时，LV还不如自己DIY设计的吸引人眼光，它没有体现出自己的个性。当你自身的价值不需要用所谓的品牌去体现时，你发现将有更多的钱可以去投资、有更多的钱去孝敬父母、有更多的钱去做有意义的事。

1.2.4 "蟋蟀"族，要给自己上份保险

社会上有"酷抠"族，但也有"蟋蟀"族。相对于前者的精打细算，后者对财富的观念是毫无打算，从无理财的想法。

从一件名牌衣服到一次假日旅行，从一张难得的演唱会票到醉人的夜生活，种种诱惑总是让那些被称为"蟋蟀族"的年轻人难以抵挡。他们像蟋蟀一样跳来跳去，赚多少花多少，乐观地抛开了未来发生危机的不安全感，追求眼下的品质化生活。在当下的社会，我们把一群偏重于当前

享受型，储蓄率极低，透支未来，过着"今朝有酒今朝醉"的生活的人称为"蟋蟀族"，他们的典型特点就是及时行乐，为此他们不惜花光所有收入，甚至为此而借钱或贷款。

今年29岁的范程名就是典型的"蟋蟀族"。大学毕业后，他在广州工作了6年多。粗略计算其每年的收入平均在8万元以上，但是他离开广州来到深圳的时候，其固定存款却只有5万多元，还不到一年的收入。

前年，范程名从广州来到深圳，一家外企做销售工作，当时的每月平均工资在9000元左右。公司还有"五险一金"及食品医疗住房等多项补助，交通费实报实销，每月与客户的交际应酬在3500元以内也都是可以报销的。随着业绩的增加，报销的额度还可以同比例增加。

他的妻子是私立学校的老师，前年辞职后与范程名一同来到深圳工作，现在工资为6000元，每年除了正常的旅游、美容、穿衣住行等消费外，没有过度的支出。

但长期的自由生活和高收入让范程名夫妇养成了"蟋蟀"一样的消费习惯。他们在享受当下之外，传宗接代等传统观念也已经逐渐被轻松快乐享受生活的追求所取代。范程名在与妻子结婚之初就决定两人要做"丁克一族"，5年过去了，他们"光荣"地成为深圳众多"丁克一族"中的一员。

因为没有小孩，家庭每月的花销除了吃穿外就是朋友、客户的交际应酬了。因为一直从事着市场营销的职业，范程名习惯了与朋友的礼尚往来，在来深圳两年的时间里，各种休闲场所、运动场所他基本上都消费遍了。

而相对于丈夫，范程名妻子的消费观念还是比较理智的。她管理着日常的家庭开销：夫妻俩日常必备开销为每月2000元，丈夫与朋友交际应酬每月3000元，她自己买衣服及美容每月1000元，夫妻平均每月拿出500元积攒起来用于一年一次的旅游，生活过得有滋有味。

但自从2016年两人买了一套期房起，两人的日子便一下子紧巴起来。房子有70平方米左右，目前已经入住。在双方父母的资助下，两人交够了60万元首付，付完房子首付后，夫妻俩发现因为他们长期没有存储的意识，多年下来仅有2万元存款，但却背负了几十万元的贷款，贷款年限为25年，粗略一计算，两人每月要偿还本息合计8000元左右。而且年初两个人又有了爱情的结晶，小孩出生让本来就紧巴的生活变得更加拮据了。

我们按照常理考虑，一般像范程名这样收入的家庭是不至于落到拮据的地步的。但因为夫妻俩长期没有储蓄的概念，没有计算过未来可能出现的问题，所以当问题一下子出现在眼前时便找不出解决的办法了。像范程名这样的人就是缺乏抵御生活中突发事件的能力，试想如果夫妻俩平时注意一些，以他们两人的收入水平和工作年限，是万万不会落到这种地步的。

理财的问题，对于年轻人来说什么时候都不晚，但要有一个恒定的观念才行，不能等到事到临头没有钱时才想起理财来。理财要从生活的点滴开始，我们老百姓赚钱的能力有限，所以就不要太放纵自己花钱的欲望，只有细水长流日子才能过得长久。

1.2.5　中产阶级理财：合理配置求稳健

最近一篇"月薪3万，还是撑不起孩子的一个暑假"的文章火遍了朋友圈。一位做高管的妈妈，月薪3万，家里的大头开支由丈夫搞定，她只负责自己和五年级女儿的日常花销即可。可是最近她却连新衣服都不敢出手买了，原因就是孩子放暑假的开销骤增——美国游学10天20000元；在家里请阿姨看护5000元；每周两节钢琴课，200元一节共2000元；游泳班2000元；

英语、奥数、作文3科培训班6000元,加起来35000元就没了。

花多少钱才能让孩子过好暑假?花多少钱才能让孩子获得出类拔萃的教育?这篇文章把中产阶级的焦虑和迷茫都表现了出来。

对于中产阶级而言,正处于比上不足比下有余的境地,一方面要抵御财富缩水的风险,一方面却通过提升资产配置效率来增长财富,而对于投资的需要则更为谨慎。在追逐自身财富自由的路上,切不可忽略掉风险因素,需将稳健投资与风险投资合理配置,实现收益与安全的双平衡。

根据《经济学人》的数据显示,我国家庭年收入在7.66万到28.6万人民币之间的中产阶级人数已达到2.25亿。与普通工薪阶层相比,中产阶级的收入可观,有着较高的生活质量和生活追求。但即使是这些中产阶级,面对我国高昂的房价、医疗、教育等现实压力,焦虑也在不断累积。如果想要过上体面的中产生活,或者想要更加上升至上层阶级,投资理财便成为一大重要的途径。

那么,身为中产阶级的读者该怎样去理财呢?我们下面通过案例来说明一下。

今年35岁的婷婷,在北京一家公关公司任经理,税后收入是每月7000元,年终会有3到5万元。老公是一家企业的中层管理人员,每月税后15000元,年终奖基本上是5到8万元,两人都有"五险一金"。他们现在有一个9岁的儿子,有一套价值400万元的房产、20万元的车,房贷车贷已经还完。银行活期存款20万元,定期存款20万元,银行理财产品10万元,股票市值约20万。目前每月家庭开支约8000元,两边的老人每月各给2000元。这样每月能够结余10000元左右。

关于婷婷家的理财观,因为他们之前做的理财组合不够合理,现在应

零基础投资理财课 Lingjichutouzilicaike

加以改变:

一、减少家庭闲置资金。

从婷婷的资产配置中我们可以看出,银行活期存款太多,影响到了资产的增值速度。虽然此时理财需要求稳,但是也不能把钱放在银行,等着资产因为通货膨胀而缩水。

应拿出5万元作为家庭的备用金。这些备用金可以投入一些存取灵活的互联网货币基金之中,其利息要比银行活期存款高出很多,并且风险很小,取出、支付也非常方便。

拿出10万元可以投资一些风险较小的基金类理财产品。如果没有时间,可以做个基金定投,这样收益平均下来还是较为可观的。

剩下的5万元,可以投资黄金。投资黄金主要是为了对抗通货膨胀,使资产得到保值。目前黄金的价位并不高,以后金价肯定会上涨,到时卖出还可以赚一些。在关键时刻,黄金还是可以保值的,因为黄金不像纸币,其本身就有价值。

二、制定孩子的教育储备计划。

如果不想让孩子输在起跑线上,是需要投资很多钱的。可以趁现在资金充足时提前为孩子储备一笔教育金,给孩子的未来做好打算。可以考虑通过教育类的保险或者定投等方式进行储备,从现在开始每月进行5000元的定投。如果以后想让孩子出国留学,可以试试外汇投资,在人民币升值时换一些美元储备着。

三、夫妻两人的保险投资。

虽然公司给交了"五险一金",可是人从35岁开始很多机能都在下降。尤其是作为高收入人群,平时的工作压力较大,工作量也大,给自己和家人买份健康保险是必须的。可以每个月拿出一笔钱来,或者年底发奖

金时一次性投入。

四、股市投资可以适当增加。

每年的年终奖剩下后可以把钱分为五份，五分之一用于股市投资、五分之二用于银行定期、五分之一进行基金投资、五分之一用于艺术品投资。

五、对自身进行适当的投资。

为了增加自身的竞争优势，每年对自己的健康及能力都要进行必要的投资。这个投资需要长期坚持，也不是很快就能看到结果，可是长期坚持下去你会变得更加优秀，升职加薪的机会更增多。

大多数中产阶级的年龄都在30-55岁，一般都是事业有成，并且上有老、下有小，家庭的支出比较固定，对于孩子的教育支出比较大，此时需要用钱的地方也比较多，所以在进行家庭理财配置时应以稳健为主，不要去冒太大的风险。股票投资的专业性强，风险相对来说比较大，此时应根据自己的实际情况合理分配，争取在稳健中获取利益最大化。

目前市场中理财的投资渠道很多，如银行理财、基金、信托、保险、P2P产品、众筹、股票、贵金属、期货等。但不管如何进行资产配置，有一点始终应牢记：避免局限于一种或是单一的投资渠道，投资尽量要多元化。

第二篇

投资理财必须要有的知识储备

2.1 有关于投资的经济学知识

2.1.1 通货膨胀：钱为什么不值钱了

10年前给你100元你可以买100斤大米，而如今给你200元，你买到手的大米却只剩下66斤了，所以我们可以肯定地说，相对于物价的上涨，人们的收入其实是缩水了的。

收入的上扬确实让人们拿到手里的钱多了起来，但多出来的那部分是远远抵不上因为"钱不值钱"而降低的购买力的，这就发生了通货膨胀。

通货膨胀是经济学领域的一个重点名词，而通货膨胀给所有人的启示就是，你必须要进行投资，因为当严重的通货膨胀到来时，投资已经不仅

仅是赚钱,而是尽量不让自己赔钱了。

在凯恩斯主义经济学中,通货膨胀产生的根本原因是因为经济体之中的总供给和总需求发生了变化,从而导致物价水平出现变化。而在货币主义经济学中,通货膨胀产生的原因则是市场上的货币发行量超过了流通中所需要的金属货币量,从而导致纸币贬值、人们的购买力开始下降。

在一般情况下,一国的纸币发行量和流通中实际需要的货币量是相差不多的,而致使国家增加纸币发行量的原因主要有两个方面。

首先是外贸顺差,当一个国家的出口处于顺差态势时,外贸企业往往会将获得的大量外币拿到央行来换取本国的货币,出口企业获得的外汇越多,央行所需要印制的本国货币就越多。在这个过程中,本国国内商品的流通量是没有变化的,但央行印制的货币经过出口企业进入国内市场之后,便会增加市场中的货币数量,从而可能引发通货膨胀。

另一个原因是投资过热。从本质上来看,通货膨胀的实质是社会总需求大于社会总供给。而许多国家的政府为了经济的发展,往往会加大在各种基础设施建设上的投入力度,力图通过投资来拉动经济增长。而在这一过程中,加印纸币便成为一种重要手段,这就进一步增加了通货膨胀出现的风险。

通货膨胀会对一个国家的社会经济造成极大影响。最近几年,我国出现了严重的"存钱等于赔钱"的现象,很多人发现自己赚的钱虽然多了,但钱却越来越不禁花。而且,银行里的钱也在不停地贬值,很多人虽心急如焚却也没有办法。

面对通胀,收入水平如果无法追上物价的上涨速度,那么我们就要想一些办法让我们手里的钱保值,而保值的最好选择就是投资。

在温和通胀时期,人们可适度关注那些有着优秀保值能力的投资产

品，通过适度的投资布局来实现资产的保值增值，而投资产品中保值性最强的莫过于黄金了。

在通货膨胀时期，通过购买贵重金属来保值是国际投资者的一贯做法。

不过需要指出的是，从长期来看，黄金并不是可以领先消费价格指数（代表社会一般购买力）的投资品，在大部分时间里，黄金的投资者均会跑输消费价格指数。

除了黄金之外，房地产业也是一个不错的选择。根据数据研究和历史经验，从长期来看，房产是可以抵抗通胀，也就是能跑赢消费价格指数的。但需要指出的是，在房产价格已经严重透支的情况下，房地产严重的泡沫反而会让投资风险变得更大。

作为个人投资者，如果想通过资产配置的调整来对抗通胀，就一定要看清时机。最好能在通胀预期刚刚形成、资产泡沫才出现不久的情况下择机而动；一旦通胀被确认（标志为通胀已被政府首脑及其智囊经济学家等主流人士认同），那么因为"这只靴子已经落地"，就没有什么翻盘的机会了。

总之，在如今这个通货膨胀预期严重的时代，当没有办法让自己的收入增加速度超越通胀率时，就应该及早将资金配置于优质资产，而不能"束手就擒"。要不然，当整个社会的资产都随着通货膨胀水涨船高的时候，你的财富就要不断缩水了。

2.1.2 经济周期：赶对"点儿"投资什么都赚钱

在2006年，几乎每个中国投资者都成了股神，到A股去投资，无论买什

么都能赚,那真是一个无比"美好"的时代。然而到了2009年,几乎每个中国投资者又摇身一变成了"衰神",到A股去投资,无论买什么都赔,很多人因此而倾家荡产。

股票是这样,房地产也是这样,在形势好的时候怎么投都赚钱,而形势不好的时候怎么投都是赔钱,这主要在于经济周期。

很多时候,大多数人在进行投资时首先关注的往往是自身周边的"环境"。比如说当一个人投资股票时,他会首先关注股票的大盘走势,投资楼市时则会关注楼盘的走势。

这些投资行为并没有错,但很多时候这种行为往往是有局限的,因为他们往往忽略了自身所处的"大环境",也就是整个市场经济的"大环境"。而在整个经济大环境之中,有一个重要的经济学概念需要得到重视,那就是经济周期。

经济周期也被称为商业周期或是景气循环,其所指的是经济活动沿着经济发展的总体趋势所经历的有规律的扩张和收缩。经济周期指的是经济的一种周期性波动,当经济活动中的资源供给和消费受到约束时,经济便会出现紧缩现象。而当资源供给充裕,消费需求旺盛之后,经济便会重新开始扩张,社会投资会加速,投资机会增多,投资回报率良好。这种现象以一种周而复始、不断循环的方式出现,便是经济周期的具体表现形式。

经济学家在描述波动这个概念时,会使用上升或是下降这样的词汇。经济周期也可以分为上升和下降两个不同阶段,其中上升阶段也被称为繁荣,最高点被称为顶峰,在经过顶峰之后,经济由盛转衰开始下降。所以,下降阶段也被称为衰退,当衰退达到最低点时则被称为谷底,而谷底又是经济由衰转盛的转折点,在此之后经济将会进入到一个上升阶段中。

所以，从上面的叙述中我们可以发现，经济周期除了可以表述为上升和下降两个阶段外，还可以分为四个不同的阶段：繁荣、衰退、萧条、复苏。

其中，经济衰退指的是经济出现停滞或是负增长的一段时期。在经济衰退之中，消费者的需求和投资将会不断下降，而随着劳动需求和产出的下降，企业的利润也将会出现明显下滑，随之而来的就是企业股票价格的下降。

相比于经济衰退，经济萧条无论是从影响规模还是从持续时间上面都更为严重。在经济萧条之中，生产过剩和消费需求不足将会呈现出更为极端的表现。销售量下降，则将会进一步影响到企业的盈利水平。伴随企业盈利能力的不断下降，企业将会陷入破产倒闭的境地，而随之而来的则是严重的失业率，最终影响到投资领域则是投资困难、资金短缺。

虽然现阶段经济学家对于经济周期已经有了很深的研究，但经济周期却并不像其他的固定周期那样能够轻易被大众所发现。人们对于经济周期的认识大多源于经济周期发生之后的研究，而很少有在经济周期发生之前便能够进行准确预测的，这主要是因为影响人类经济发展的因素是多种多样的。

正是因为影响经济发展的因素多种多样，所以出现经济波动的原因也是多种多样的。人们并没有办法准确预测经济衰退出现的时间，更没有办法从根本上去消灭经济衰退，所以想要保证长时间的经济快速增长也是不容易的。

经济的波动虽然会对社会经济造成一定的破坏，同时也会影响到整个投资市场，以至于影响到社会投资，从而导致经济增长速度的下降。但从另一方面看，经济波动也将会对整个投资市场进行一次"优胜劣汰"，从

而推动社会资源更合理的优化配置。

所以,无论是企业投资者还是个人投资者都应当对经济周期有一个清晰认识,虽然没有办法准确预测其到来的时间以及持续的长短,但通过了解经济周期之中经济波动的原因,可以合理地规划自身的经济活动,减少经济波动对于投资的负面影响。

2.1.3 机会成本:投资选择要谨慎

一头瘦弱的驴子很长时间没有吃到东西了,它看到在前方的不远处有两堆嫩草,使出全身最后的力气跑向了草堆的方向。在来到草堆旁边时,驴子却有些发懵了,它站在两堆嫩草边思考了起来。因为两堆嫩草都十分鲜嫩,它不知道该先吃哪一堆。驴子始终在草堆周围徘徊,因为不知道先吃哪一堆,最终驴子饿死在了草堆旁边。

如果从经济学角度来看这头驴的行为的话,这头驴可能并不是一头蠢驴,而只是一头不知道取舍和选择的驴而已。取舍,这是经济学领域的又一个重要名词,而在投资领域它也发挥着极大作用。

小王一个普通投资者,在一个月之前,小王获得了两个不同的投资机会。一个是投资于某基金,一个是投资于某股票。小王经过权衡,选择了前者。后来的结果是,小王投资10万元,经过半年获得了5000元收益,5%的收益率已经足够让小王高兴了,然而小王却获知了另一个消息,投资于股票的小李用10万元获得了3万元收益,足足是他的6倍。

从小王的故事中的我们可以发现，小王因为自己的选择而损失掉了一些收益。小王为此感到很后悔，认为自己的选择出现了错误。那么，小王究竟错在了哪里呢？从经济学的角度来说，小王并没有错，只是他对于机会成本没有了解。

机会成本是由奥地利学派经济学家维塞尔提出来的。在他看来，影响决策的成本是为某一目的的使用生产要素时所放弃的最为重要的其他选择机会。机会成本是潜在利益的减少，而不是实际发生的支出。

机会成本又被称为选择成本，它是指做一个选择之后所丧失的不做这种选择而可能获得的最大利益。简单来说，机会成本就是一种代价，是为了得到一种东西而必须放弃另一种东西的代价。无论是本节开头驴子的故事，还是上面小王的故事，其中都涉及到了机会成本这一经济学原理。

对于驴子来说，两堆嫩草都对其具有很大的吸引力，无论是选择哪一个，都会造成机会成本的损失。正是因为没有办法放弃其中的机会成本，驴子才会活活饿死在两堆嫩草旁边。而小王则因为选择了风险较小的基金，所以失去了投资于股票获得的利益，这便是小王所失去的机会成本。

产生机会成本的原因是资源的稀缺，正是由于资源的有限，人们为了能够得到自己想要的东西就必须学会放弃，一项选择的机会成本就是所放弃的物品或者是劳务的价值。而有关机会成本这一原理有几个方面是必须要注意的。

首先，机会成本之中所涉及到的机会必须是下决定的人能够选择的项目，如果是不能选择的项目，则并不属于下决定的人的机会。对于上面故事之中的小王来说，因为他同时收到了这两个投资的邀请，所以无论是基金还是股票，都是小王可以选择的机会。

其次，只有放弃的机会中收益最高的那个对象才是机会成本，机会成

本并不是放弃对象的收益总和。还是举上面小王的例子，如果小王同时收到了三个投资机会的邀请，而第三个投资机会的收益更高，那么这个时候如果小王依然投资于基金，最后他所损失的机会成本就是第三个投资的收益，而不是这两个投资收益的总和。

机会成本对于个人的投资决策有着非常大的参考意义，然而需要指出的是，很多时候，机会成本是与风险共存的，投资者在计算机会成本的时候也要注意计算风险，否则只将目光瞄准最高的收益，很可能是收益没捞到却反而损失了本金。

2.2 有关于投资的金融学知识

2.2.1 利率，投资市场的"晴雨表"

利率指的是一定时期内利息额和本金的比率，也叫作"利息率"。世界上几乎所有的金融现象都或多或少同利率有关联，尤其是投资市场，更是时刻将自己悬在利率之上，因此利率也被人们称为是投资市场的"晴雨表"。

由于利率的重要性，世界各国的中央银行也会利用利率的重要作用来进行经济的调控。看一个国家的经济运行，有时只要看该国的利率是否合理。利率是国家经济的杠杆，中央银行可能加息也可能降息，这些都是正常而且必要的。

投资者需要银行为他们的存款支付利息，以便他们能把货币转化成资本。简单说来，决定投资者是否从银行借钱的标准在于投资者需要获取比利息率更高的投资回报率。

以通货紧缩的情况举例，如果投资者投入100元的货币资产却只得到95元的实物资产，那么投资者需要向银行支付5元的利息。如果全社会各个产业的"回报"都抵不上"投资"，那么投资者当然不会从银行借钱。

相反，许多投资人可能会把原有的资本也存入银行，因为银行的利率比投资回报更加可观。然而，如果社会缺少投资的热情，经济将不可避免地走向衰退。就我国的情况而言，是以积极的财政政策为主，通过央行调控拉动投资，刺激国内需求。

作为投资市场的"晴雨表"，利率的变动影响到了经济形势的波动，进而影响到了人们的每一项投资决策，且储蓄、证券、外汇领域都会受到影响。

一旦利率发生变化，人们便纷纷开始争先恐后地行动起来，该存的马上存，该取的马上取，该卖的马上卖，该买的马上去买，这便是利率对于投资不可忽略的影响。

利率的高低也深刻影响着外汇汇率。众所周知，两个国家的货币间的相对价格叫作汇率，汇率的高低决定于外汇市场的供求关系。外汇跟本国货币一样，能够带来资本的收益，而至于人们选择持有哪一种则取决于哪种货币能够带来更大的收益。

不同国家的外汇收益率与该国的利率有关。当某国的货币市场利率有所提高时，那么持有那种货币的投资者的收益率会有相应的提升，投资者会更加愿意持有这种货币。而反之，某货币的利率降低，该货币就失去了对投资的吸引力。

在经济全球化的背景下，资本在国家之间的流动更为频繁，影响范围也更广。各国间的利率区别，空前地影响到了国家间的外汇汇率。粗略说来，资本一般是从利率较低的国家向较高利率的国家流动。利率高的国家

常常能够吸引其他国家的资本进入,减少国内的资金流出,本国的货币会受到其他国家投资者的欢迎。

而论及利率对投资规模的影响,主要是投资成本对整个投资行为的影响。假设投资收益保持原状,那么当利率提高的时候,投资成本就会增加,而如果投资者原先就收益不高,他们就可能会退出投资。而当利率降低时,投资成本也会减少,那么可能会有更多的人参与到投资活动中来。

2.2.2 利息,使用资本的代价

利息指的是货币持有者通过发出货币资金来从接收货币的人手中得到的利益。这个定义告诉我们,利息是借贷的人为了使用资本而付出的代价。

有一个脍炙人口的小故事或许对于大家理解"利息"的概念有所帮助。

小男孩问他的银行家父亲:"银行的钱是储户们的,人们把钱存进银行,银行又把钱拿给人们。那么,咱们家的大房子、轿车和游艇是从哪里来的呢?"

银行家看了看儿子天真的小脸说:"我记得咱们家的冰箱里有一大块肥肉,帮爸爸拿来好吗?"

男孩儿蹦跳着从冰箱取出肉块,交给了父亲。

银行家点点头:"好的,现在把它再放回冰箱里。"

男孩儿照做了。

"现在,看看你的手上留下了什么?"

"黏黏滑滑的油水,爸爸。"

银行家微笑着看着儿子,这就是我们这些东西的来源。

资本的流动是需要代价的,没有免费的午餐,同样的,使用别人的住宅、车辆需要付款,所以使用别人的资金自然也是需要有偿的。

使用别人的物品是购买行为,把别人的东西为己所用当然需要付钱。然而,使用别人的资金,以后也要偿还,别人看起来并没有损失,为什么还要付出代价?

对于这个问题,读者不妨换个角度来理解一下。虽然借了钱并如数偿还,对方看上去并没有"吃亏",但是对方其实也付出了代价。首先,他借给你的那些钱是有机会成本的,也就是说假如他不借给你,而是把钱用来投资之类的,分明有机会得到更多;而对方如果选择借钱给你,就是放弃了那部分机会成本。

另外,承担风险的事情是应当有所收益的。大多数人在借钱的时候都能真心实意保证会还上,但却不是人人都能得偿所愿。如果借出了钱却收不回来,借钱给人的一方就不得不蒙受损失。没有人有借钱给别人的义务,从别人手里借钱是应当给人提供一些利益上的优待的。

基于以上理由,找人借钱就要承担一定的补偿金。从借款人的角度理解,这部分补偿就叫作利息。对于借款人来说,使用他人的资本需要给人好处,不然别人没有借钱给他的理由。从另一方面来说,对要把钱借给对方的资本持有人而言,借款人付出的利息就是他们肯伸出援助之手的收益。

前文提到的银行家的小故事从某种角度上揭示了利息的本质。一些读者朋友可能会有些愤愤不平:为什么银行家只是把钱过了次手就这么轻松

挣到了钱?

然而,如果没有这些银行家们让钱出出进进,市场上的资本该怎样运作,投资人的需求又该如何满足呢?

有了利息的出现,借贷才能成为可能。如果没有如今随处可见的银行借贷,许多人将会错过创业、买房、投资的大好机会,经济也无法这样有活力地发展了。而在投资领域,利息的存在则告诉每一个投资者,投资是有成本存在的,在进行投资前一定要考虑好成本,这样才能让你真的赚到钱。

2.2.3 复利,让你的钱"滚雪球"

利息对于投资来说至关重要,而利息的一种形式——复利则是每个投资者一定要追求的东西。

西塔发明了国际象棋,这让国王非常高兴,于是国王决定要重赏西塔。

西塔说:"在下不需要您的重赏,陛下。您只要在把一些麦子赏到我的棋盘里就行了。"

国王有些不屑一顾。

西塔笑着说:"您在棋盘的第1个格子里放1粒,在第2个格子里放2粒,在第3个格子里放4粒,在第4个格子里放8粒……依此类推,以后每一个格子里放的麦粒数都是前一个格子里放的麦粒数的2倍,直到放满第64个格子就行了"。

国王觉得很容易,于是就同意了。

零基础投资理财课 Lingjichutouzilicaike

但很快国王就发现，即使把国库里所有的粮食都给他也不够。

尽管从表面上看西塔要求的起点非常低只有一粒麦子，但是经过多次乘方，就形成了一个令人咋舌的庞大数字。

这个故事讲的就是投资中非常重要的内容——复利。

诺贝尔在弥留之际立下了遗嘱，将自己的财产变做基金，每年用这个基金的利息作为奖金，奖励那些在前一年度为人类做出卓越贡献的人。

诺贝尔奖的本金为3100万克朗。各位可以看一下历年诺贝尔奖金的变化情况：

1901年，奖金15万克朗；

1980年，奖金100万克朗；

1991年，奖金600万克朗；

1992年，奖金650万克朗；

2000年，奖金900万克朗；

2001年，奖金1000万克朗；

……

各位不难发现，诺贝尔发放的奖金总额早已远远超过诺贝尔遗产的本金数额，那么，究竟是什么能让诺贝尔奖的奖金永远都发不完？答案是复利。

1953年，诺贝尔奖的资产只剩下了300多万美元。加上通货膨胀的影响，这些钱只相当于1901年的30万美元。诺贝尔基金会的理事们于是求教于理财专家，用一种新的理财方式一举挽回了诺贝尔奖的破产危机。2005年，诺贝尔奖的总资产还增长到了5.41亿美元。这就是著名的"72法则"。

72法则,就是用72除以回报率,可以估出本金增减所需的时间,反映出复利的结果。举个例子,假如你投入了100万元,年利率是10%,那么你的100万元增长到200万元大约需要72÷10,也就是7.2年时间。

各位可以看一下复利计算公式:F=P(1+i)×n

其中,P就是本金,也就是那100万元;而i则是利率,也就是10%;n为持有期限。

复利最大的魅力就在于,它不仅是本金产生利息,利息也能产生利息,就像滚雪球一样越滚越大。

大家都认为致富的先决条件是庞大的本金,其实并非如此。"不积跬步,无以至千里;不积小流,无以成江海"就是这个道理。说白了,只要懂得复利的道理,一粒米也能变成大粮仓。

有两个人,第一个在23岁的时候,每年投资1万元,直到自己45岁,按照年复利率15%的收益增长;另一位在32岁时才开始投资,他每年投资2万元,同样是15%的复利率。当两人都到45岁时,谁的钱更多?

答案很容易算出:先投资的人赚得更多。

先投资的人,在他45岁时,通过复利能够得到约138万元,而后投资的人,到他45岁时只能获得68.7万元。这就是复利的力量。

爱因斯坦有一句话说:"宇宙间最大的能量是复利,世界的第八大奇迹是复利,复利的威力比原子弹更可怕。"

也就是说,你从现在开始就必须有工具箱意识。

什么是工具箱意识呢?即你的房子、车子、票子等等都是你的金融工具。你的目的不仅仅是拥有它们,还要利用它们。你需要通过更新、倒手与赎回去来实现增值。通过增值,你就可以将自己的高度堆砌,从而获得更多的资源。

说白了,金融的本质就是如何"钱生钱"。要知道,钱并不是万恶之源,钱只是将一切物品进行了"量化"。人类的资产可以量化,思想可以量化,生命可以量化,感情可以量化,甚至连时间都可以量化。

就像投资中常说的一句至理名言:"万物皆为我所用,万物皆不为我所有。一切有形资产都是身外之物,你在这一过程中形成的思想、格局才是自己的。"

什么是投资运作?就是把资金进行推动,让资金流通到最有效率的地方,可以是国家,可以是产业,可以是项目,也可以是个人。只有资金到位了,才能进行资本的增值和扩张。

2.3 投资大师们的理财理念

2.3.1 "把鸡蛋放到一个篮子里"的巴菲特

作为有史以来最伟大的投资者,沃伦·巴菲特在投资市场中创造出了太多的传奇——他依靠股票投资成了世界首富,所经营的公司的股票价格还创出了天价。在漫长的股票投资生涯之中,巴菲特提出了众多的股票投资原则,而这些原则和方法直到现在还被众多投资者奉为圭臬。

巴菲特的投资原则中有一点与其他的投资大师截然不同,那就是"把鸡蛋放到一个篮子里"。

巴菲特曾说:"如果你有40个妻妾,那么你将不会了解他们中的任何一个。"他在给合作伙伴的信中还曾引用过凯恩斯的话来表达自己的观点随着时光的流逝,我越来越相信正确的投资方式是将大部分的资金投入在自己了解而且相信的事业之上,而不是将资金分散到自己不懂而且没有特别

信心的一大堆公司。

在巴菲特看来，股票投资的关键不在于投资目标的多少，而在于投资目标质量的好坏。巴菲特认为，任何超过100只股票的资产配置组合都可能是不具有逻辑性的，因为任何第100只股票实际上都不可能对整体的投资组合产生正面或是负面的影响。

简而言之，股票投资贵精不贵多。巴菲特将股票投资的关键点确定为投资者对于股票的了解程度。如果自己了解10个领域方面的知识，那么在这10个领域的股票都是可以投资的。第11个领域因为投资者并不了解，那么即使别人一再强调这个领域的投资机会很好，投资者也不能贸然进入到自己不熟悉的领域之中。

巴菲特认为，投资者将资金投资在自己能力所及的行业和企业之中是一种降低风险的投资行为。巴菲特在进行投资时有一个习惯，那就是不熟的股票不做，所以许多巴菲特的研究者会发现巴菲特很少去触碰那些高科技公司的股票。即使其中很多公司的股票都极具潜力，但巴菲特始终坚持着不熟的股票不去投资的习惯。

在巴菲特的投资法则之中，只赚钱不赔钱是其中重要的一点。而在这一原则之中，巴菲特始终在强调不赔钱的重要性，这也是投资者持续投资的一个基础所在。不赔钱就需要投资者不断降低自己进行投资的风险，而正如前面所说，将资金投入到自己熟悉的行业和领域之中是一种降低风险的重要方法。

为此，巴菲特曾说："我们采取的这种（集中投资的）策略排除了依照普通分散风险的教条，许多学者便会言之凿凿说我们这种策略比起一般传统的投资风险要高许多，这点我们不敢苟同。我们相信集中持股的做法同样可以大幅降低风险，只要投资人在买进股份之前能够加强本身对于企业

的认知以及对于其竞争能力熟悉的程度。"

在这里，巴菲特又一次明确了"把鸡蛋放在一个篮子里"的必要条件，那就是投资者对于自己所投资的企业有着明确的认知，同时对于其经营能力和市场竞争能力也非常熟悉。而在投资之时，投资者究竟选择几种股票进行投资选择则完全取决于投资者对于企业的认知。

2.3.2 "以风险搏收益"的索罗斯

"风险越大，收益越大"是投资市场中的一句至理名言，但实际上，投资者很难用公式算出风险和收益之间的直接关系。

对于投资产品来说，可能是购买这一产品的风险越大，通过这一产品所获得的收益也会越大。但对于投资者来说，却并不能说投资者在投资过程中承担的风险越大他最后能够获得的收益也就越大，很多时候投资者在承担了巨大风险之后往往会出现零收益或者亏损的情况。

乔治·索罗斯曾说过："承担风险无可厚非，但千万不要做孤注一掷的冒险。"对于很多投资者来说，乔治·索罗斯无疑是一位投资领域的"大冒险家"，正是在不断的冒险之中，索罗斯才创造出了让人瞠目结舌的投资神话。

他不仅投资于一家家公司，甚至还敢于向一个个国家发起挑战。与巴菲特相比，乔治·索罗斯在投资市场上表现得更有进攻性，他善于从投机之中攫取大额利润。在投资方面，索罗斯有着自己的一套投资哲学。

正如前面所说，投资市场之中"风险越大，收益越大"，而投资者如何在选择一个高风险项目之后将风险化小，并最终获取较大收益，已成为考验其能力的一个重要难关。而索罗斯之所以能够成为投资市场之中的

"金融巨鳄",很大程度上取决于他拥有着对于风险出色的把控能力。

在投资市场中,投资者规避风险的方法可以分为四种:不投资、降低风险、积极的风险管理和精算的风险管理。在这四种规避风险的方法之中,不投资不需要介绍。降低风险是沃伦·巴菲特经常会采用的一种方法。而对于乔治·索罗斯来说,规避风险的最好方法就是要进行积极的风险管理。

积极的风险管理是一种交易商的策略,这与降低风险有着很大不同,又有别于其他人保守的风险管理,索罗斯所采取的是一种积极的风险管理方法。积极地管理风险需要投资者对于投资市场时刻保持密切的关注,一旦投资市场出现变动便能很快察觉出来。当想要改变策略的时候,也能迅速做出调整。

索罗斯说:"你意识到危险,在主动承担一定风险的同时可以换回一些存活的机会,好过做温顺的群羊。我一直都在训练自己去寻找危机,再从危机之中寻找到机会。"

索罗斯在投资市场中正是这样做的。早在1992年,索罗斯就曾大举放空英镑,随之而来的便是英镑对德国马克比价的一路下跌。虽然英国政府动用各种手段来阻止情况继续恶化,但却始终没有阻止住英镑的下跌趋势。在这次狙击英镑的过程中,索罗斯和他的量子基金获得了超过10亿美元利润。此后在东南亚、欧洲、日本,索罗斯都是这样获胜的。

通过不断进攻国际金融市场,索罗斯获得了巨额财富。他曾说:"金融市场天生就不稳定,国际金融市场更是如此,国际资金流动皆是有荣有枯,有多头也有空头。市场哪里乱哪里就可以赚到钱。辨识混乱,你就可能致富;越乱的局面,越是胆大心细的投资者有所表现的时候。"

很多投资者都希望能够像索罗斯一样在金融市场之中纵横捭阖,但更

多时候他们只学到了索罗斯的胆大,却没有学到他的心细。任何一种投资都需要首先去衡量其中的风险和投入产出的比例,不能盲目因为收益很高就去拼运气、搏风险。真正想要在高风险的投资之中获得高收益,首先要做的就是化解其中的风险,索罗斯的很多做法都印证了这一点。

2.3.3 "只相信自己"的罗杰斯

在1984年,奥地利股票市场遭遇暴跌,罗杰斯为了了解实际情况,亲自前往奥地利进行实地考察。经过调查分析,罗杰斯发现了奥地利股票市场存在着巨大发展潜力。于是,他开始大量购买奥地利企业的股票。很快,奥地利的股票市场竟然从一片废墟之中获得了重生,奥地利的股票指数上涨了145%,罗杰斯因此获得了巨大的投资回报。

对于投资来说,独立思考是十分重要的一环。许多新手投资者认为自己缺少投资的知识和经验,独立思考并不能保证自己在投资中获得成功。这种想法虽然听上去有些道理,但实际上却是完全错误的。投资者的投资知识和经验正是通过投资市场中的反复思考获得的,只有坚持独立的思考和分析才能形成自己关于投资的一套方法和原则。

在依靠独立思考进行分析的投资大师当中,吉姆·罗杰斯无疑是最为出色的一个。罗杰斯被誉为最富远见的国际投资家,同时也是美国证券界最成功的实践家之一。从1970年开始,他与索罗斯共同创建了量子基金,并创造了量子基金连续十年年均收益率超过50%的辉煌。

吉姆·罗杰斯于1980年退出量子基金,并利用此前积累的1400万美元开始了自己充满传奇色彩的独立投资之路。

罗杰斯的投资风格与其他投资大师不同，罗杰斯更多的是"将赌注压在国家上"。而为了让自己在国际上的投资更加精准，罗杰斯常常亲自前往自己投资的国家，他喜欢周游世界，探访世界各地的新鲜事物，而在他看来这正是了解世界各地证券市场的一个最为直接也是最为有效的方法。

真正的投资大师无论是在牛市还是在熊市之中都可以获得投资回报，罗杰斯的投资正是这种说法的一个典型事例。从罗杰斯的投资故事中可以看出，亲身实践、独立思考和认真分析对于投资行为的成功与否具有重大的决定性作用。

1973年埃、以战争期间，以色列虽然拥有优势的空军，但却仍然不是埃及空军的对手。罗杰斯在分析原因时发现，当时苏联提供给埃及的电子设备美国并没有办法提供给以色列。对于深陷越南战争的美国来说，根本就没有时间去发展科学技术，罗杰斯认为战争结束之后美国国防部一定会在这些方面进行大规模投资。

1974年时，洛克公司作为飞机和军用设备生产商在经营上出现了很多问题，利润也开始大幅下降，洛克公司的股票价格也随即下降到了2元。许多投资者看到洛克公司的衰落纷纷开始抛售其股票，以减少自己的损失，但罗杰斯却开始大量收购洛克公司的股票。

在罗杰斯看来，美国与苏联之间的斗争不会结束，美国政府一定会更加注重对军工产业的投入，所以才在洛克航空公司股票价格大跌时大量买入。最终，洛克公司因为美国政府的政策性援助而重新发展了起来，已经下跌至2元的股票很快便上升到了120美元。罗杰斯在这次投资中获得了巨大成功。

罗杰斯在进行股票投资的选择时关注的重心并不是一个企业在下一季度的盈利水平，他更多的是从整个社会、经济、政治等大环境方面去观察

零基础投资理财课 Lingjichutouzilicaike

这些宏观因素对于某一行业将会造成的影响。罗杰斯并不相信股市分析专家在电脑前面做出的分析,他更多的是自己去收集有用的资料和信息,然后经过独立的思考和分析来做出最终的投资决策。

正是发现了长期性的政策变化和经济趋势对于某个行业的发展有利时,罗杰斯才预测到这一行业在未来将会具有较大发展前景,所以才会大量购买这个行业的股票。

罗杰斯曾说:"我总是发现自己埋头苦读很有用处。我发现,如果我只按照自己所理解的行事,那么既容易又有利可图,而不是要别人告诉我该怎么做。"罗杰斯认为,如果投资者想要真正在股票投资中获利,就一定要拥有独立思考的能力,同时也必须抛弃自己的"羊群心理",投资者不能让市场的对错来左右自己的选择。

第三篇 股 市

3.1 股市投资是什么?

股票投资作为一种"来钱最快"的投资方式,受到了众多投资者的青睐。但股票市场的错综复杂也让投资者们吃尽了苦头,每一个投资者都希望在股市中获利,但"究竟要采用哪种方式,选择哪种股票,何时买入,何时卖出"等一系列问题始终都在困扰着投资者们。在本篇中,我们就来仔细分析一下这些股票投资中出现的各类问题。

3.1.1 股市有风险

股票投资是一门复杂的学问,真正的大师要具备各个方面的能力,对

零基础投资理财课 Lingjichutouzilicaike

于刚刚进入到投资市场之中的投资者来说，认识股票是进行股票投资的第一步，也是进行股票投资的基础。

作为作为一种高回报的投资工具，股票投资受到了广大投资者的追捧，很多初入股票市场的投资者往往看中了股票投资的高额汇报，但却忽视了其背后所蕴含的同样很高的投资风险。股票投资在能够为投资者带来高回报的同时，也会为投资者带来高风险，这就要求投资者在进行股票投资之前必须要有一个清醒认识。

股市就是指股票市场，主要包括发行市场和流通市场两个部分，是已经发行的股票转让、买卖和流通的场所。

发行市场又被称为一级市场，在这个市场之中，投资者可以购买企业发行的股票。投资人通过购买企业发行的股票可以成为企业的股东，企业通过一级市场可以获得大量资金。流通市场则被称为二级市场，是已经发行的股票进行买卖的场所，在功能上主要表现为集中和分配资金两种。

"股市有风险，投资需谨慎"这句话说出了股票投资的一个永恒真谛。在股票市场中，如果想要让10000元钱变成20000元钱，就要同时做好10000元钱变成0元钱的准备。股票市场风云诡谲、危机四伏，每个人都希望从大盘中捞到一笔，没成想大盘中的钱没有捞到，自己钱包中的钱却已被别人捞走。

选择股票投资一定要具有较高的心理承受能力和一定的逻辑思维能力，如果不具备这两点基本素质就想要在股票市场中纵横捭阖是不现实的。即使是那些投资天才、投资神童们，如果不具备这两点基本因素，想要在股票市场中取得成功也是很困难的。

想要进入股票市场，先提高自己的心理承受能力和逻辑思维能力吧，在股市的汪洋之中能够帮助你的只有自己的大脑和心脏，别人带来的"小

道消息"可能会让你迷失在一片汪洋之中。股市有风险，投资需谨慎。

3.1.2 股票的特性

股票作为一种有价证券，是股份公司为了筹集资本向投资者公开或者私下发行的一种股份凭证。根据所持有的股份数量的多少，股票持有者会相应地享有一定的权益，并承担一定的义务。

作为一种股份凭证，股票代表着持有人对于股份公司的所有权。而在股票市场之中，股票则成为了投资和投机的主要对象。作为一种高收益、高风险的投资方式，股票主要具有以下几种特性——

收益性：其是指股票可以为投资者带来一定的收益，这也是股票的一种基本特性。投资者可以凭借自己的股票从股份公司中获得一定的红利，同时，股票投资者还可以从股份公司的资产保值、增值中获得收入，这也就是较为常见的股票交易活动，投资者可以通过低价买入、高价卖出来获得收益。

不可偿还性：股票是一种没有偿还期限的有价证券，当投资者选择购买股票之后就没有办法再将股票退还回去，而只能在流通市场中卖给其他投资者。当投资者持有的股票发生转让的同时，投资者相应的股东身份也就进行了转让，但对于股份公司来说，其公司资本是没有减少的。一般来说，只要股份公司仍然存在，它所发行的股票就会存在，也可以认为股票的期限就是股份公司的存续期限。

权责性：通过购买股份公司的股票，投资者可以获得参与股份公司盈利分配和承担有限责任的权利与义务。投资者手中掌握的股票份额越多，其所具有的权责也就也多，比例越小，权责也就越小。一般来说，投资者

想要完全控制一个股份公司需要拥有51%以上的股份。

价格波动性：股票投资的风险主要来源于股票的这一特性，股票的价格波动主要受到发行公司的经营状况、供求关系、银行利率等方面因素影响。这种价格波动性会造成投资者在股票投资过程中的盈利和亏损。一般来说，股票价格波动越大，投资的风险也就越大。

3.1.3 股票的种类

想要进入到股票市场之中，首先应找到股票市场的"大门"，找不到"大门"，了解再多的知识内容也是没有用的。

在全球股票市场中，按照总市值进行排名，前四大股票市场依次是纽约证券交易所、东京证券交易所、伦敦证券交易所和纳斯达克证券交易所。如果将中国的上海证券交易所和深圳证券交易所合并起来计算的话，中国A股的总市值将会超过4万亿美元，从而位居全球第四的位置。

对于大多数投资者来说，首先搞清楚股票市场中的股票种类是进行股票投资的一个前提。按照股票的上市地点和投资者的不同，我国上市公司的股票可以分为A股、B股、H股、N股和S股几种，下面来依次来介绍一下这几种股票：

A股：人民币普通股，是由中国境内的公司发行的，主要用于境内的机构、组织和个人用人民币来进行认购及交易的一种普通股股票。A股并不是实物股票，而是以无纸化电子记账的方式，实行"T+1"交割制度，同时还存在着涨跌幅的限制。

B股：人民币特种股票，不同于人民币普通股，它是以人民币标明面值，以外币来认购和买卖的，是在中国境内的证券交易所上市交易的外资

股。在这里，发行B股的公司其注册地和上市地都必须在中国境内。

H股：国企股，是指注册地在内地，而上市地在香港的外资股。不同于A股，H股是一种实物股票，实行"T+0"交割制度，不存在涨跌幅度的限制。在中国大陆地区，只有机构投资者可以投资H股，大陆地区的个人投资者还不能直接投资H股，国际资本投资者可以投资H股。

N股：是指在美国纽约证券交易所上市的外资股票，N主要来源于纽约字首的第一个字母。在我国的股票市场中，如果股票名称前面出现了N字，那就表示这只股票是当日新上市的股票，这时的N则是英语中New的缩写。

对于投资者来说，在看到中国股票市场中出现N字开头的股票时，不仅要知道这是当日新上市的股票，同时还要知道这只股票的价格在当日的市场上是不会收到涨跌幅限制的。也就是说，在这一天这只股票的涨幅可以超过10%，跌幅也可以低于10%。

S股：主要是指我国还没有进行股权分置改革或者已经进入到改革程序之中，但并没有实施股权分置改革方案的股票。一些外国上市公司也有使用S股来进行命名的，主要是那些生产或者经营等核心业务在中国大陆，企业的注册地在内地，而在新加坡交易所上市挂牌的企业股票。

按照不同的分类方法，股票的种类也会有所不同，除了上面提到的这种分类方法外，还有几种不同的分类方式。

如果按照股票交易价格的高低来划分，可以将股票分为一线股、二线股和三线股。

一线股是指股票市场上价格较高的股票，在概念上一线股等同于绩优股和蓝筹股。这类股票主要由于业绩优良或具有良好的发展前景，所以在价格上会领先于其他股票。

二线股则是指价格中等的股票。二线股是股票市场中的主力，虽然业绩相差较大，但基本上与股价持平。

三线股是指价格低廉的股票、这些公司在业绩上并不好，很多公司因为缺乏好的投资概念而无法吸引到投资者。另一些公司虽然业绩还可以，但股价却始终保持低位，因此也会被归类于三线股之中。

如果按照股东权利的不同来划分，股票又可以分为普通股和优先股。按照投资主体的不同来划分，又可以分为国有股、法人股和社会公众股。

了解股票的种类，最主要的目的是为了在投资之前清楚地认识到不同股票的不同特点，这是进行股票投资的基础。从分类上来看，一线股是股票投资的一个较好选择，但这并不是说大多数投资者都应当选择一线股进行投资。了解股票分类只是股票投资的一个方面，在进行股票投资的时候还需要综合进行分析。

3.1.4 股市投资必懂术语

老齐是股票投资的老手，纵横"股场"多年的他最近收了一个徒弟。老齐的这个徒弟家里不缺钱，但依然觉得钱不够用，所以想要通过股票投资来"钱生钱"。老齐为这个徒弟操碎了心，徒弟一心想学高超的投资技巧，可老齐却始终只告诉徒弟一些股票投资中的术语。徒弟好不理解师傅的用心，而老齐却毫不在意，因为在他看来，只有懂得了"官话"，才能在"官道"上行走。

老齐所说的"官话"就是指股票市场之中经常出现的一些投资术语，和老齐的徒弟一样，大多数新手投资者都不太重视这些投资术语，但实际

上正是这些投资术语之中蕴含着投资成功的秘密。

股票代码：股票的身份证明，不同的数字表示着股票的不同含义，除了区分各种股票外，股票代码还蕴含着很多深层次意义。在上交所上市的证券，主要采用6位数编制办法，前3位主要用于区别证券的品种，如001xxx代表国债现货、310xxx代表国债期货、600xxx代表A股、900xxx代表B股。

沪市A股股票买卖的代码以600、601和603开头，而沪市新股申购的代码则是以730打头。在配股代码方面，上海证券交易所以700打头，深圳证券交易所则以080打头。

报价单位：A股的申报价格最小变动单位是0.01元人民币，无论是在上交所还是在深交所都一样。B股在上交所申报价格的最小变动单位是0.001美元，在深交所申报的价格最小变动单位则是0.01港元。

涨停板：是指在证券市场中，交易当天股价的最高限度。在涨停板时的股价被称为涨停板价。中国证券市场中的股票除了被特殊处理的股票外，A股的涨跌幅为10%，当日涨幅达到10%则为上限，买盘持续维持到收盘，称该股为涨停板。ST类股的涨跌幅为5%，达到5%则为涨停板。

跌停板：是指股价在一天之中相对于前一天收盘价的最大跌幅，一旦超过10%的限度，则会自动停止交易。当天市场价格最低限度称之为跌停板，跌停板时市价称之为跌停板价。

一手：是指股票的数量单位，一手就是100股股票，在中国的股票市场之中，买卖股票都要以100股为基准，100股是最少交易股数。

现手：是指某一股票的现时成交手数，如果一个股票在开盘时就成交了5000股，那么此时的现手也就是50手，是用5000股除以一手100股而来的。

零基础投资理财课 Lingjichutouzilicaike

利多：又被称为利好，主要是指消息有利于提升股价，这类消息往往来自于股份公司内部。包括企业经营业绩提升、企业业务扩张等信息都可以刺激股价的上涨。

利空：是指能够促使股价下跌的信息，不断释放利空消息很容易造成股市价格不断下跌，导致股市大盘整体下跌。包括上市公司经营业绩恶化、银行利率上调等信息都会促使股票价格下降。

买空：是指投资者预测股票价格会出现上涨，但是自身现有资金不足，只能先缴纳部分保证金，通过经纪人来向银行融资来购进大量股票，等到股票价格上涨到一定价位之后再进行卖出，从而获得差额收益。

卖空：是指投资者预测股票价格会出现下跌，于是向经纪人交付抵押金，从而借入股票抢先卖出。等到股票价格下跌到某一个价位之时再买进股票，然后归还从经纪人手中借来的股票，从中获得差额收益。

股票净值：是指已经发行的股票之中所包含的内在价值。又被称为每股净资产，是一种通过会计统计的方法计算出的每股股票所包含的资产净值。其代表着全体股东共同享有的权益，股份公司的经营业绩越好，资产增长得就越快，股票的净值也就会越高。

每股收益：是指税后利润和股本总数的一个比率，是测定股票投资价值的一个重要指标。每股收益=税后利润/股本总数。

每股净资产：是指股东权益和股本总额的比率。每股净资产=股东权益/股本总额。

市盈率：每股市价和每股税后净利的比率，也被称为本益比。市盈率=每股市价/每股税后净利。

上证综合指数：是以上海证券交易所上市的全部股票作为计算范围，依法向量作为权数综合。其可以反映出上海证券交易市场的总体走势。

T+1：这是一种交易规则。根据上交所和深交所的规定，如果一个投资者在前一天买入一只股票，在第二天就售出，当天所卖出的股票一旦确定了成效，就可以将返货的资金用来购买其他股票。

多头市场：股票价格普遍上涨的市场，又被称为牛市。

空头市场：股票价格呈现出长期下降的趋势，又被称为熊市。

除了上面这些股票投资术语外，还有很多重要的股票投资术语。对于股票投资者来说，弄懂这些术语所代表的含义是进行股票投资的基础。将这些概念融会贯通之后，虽然不会一步成为股票投资的高手，但至少已经越过了投资新手的阶段，剩下来需要掌握的就是如何去综合运用这些概念来对抗复杂多变的股票市场了。

3.2 怎样进入股市进行投资？

了解了股票投资的一些基础知识之后，投资者要做的就是进入到股票市场中运用这些知识。很多时候，投资者虽然已经深刻掌握了股票投资的基础知识，但遇到正式的股票投资实践时仍会又暴露出很多问题。

股票投资的第一个环节就是开户，只有在证券交易所完成开户之后，投资者才可以自由进行股票买卖活动。

3.2.1 股市开户流程

想要进行股票投资，开户是一个首要环节。股票开户主要是指投资者在证券交易市场买卖股票之前在证券公司开设证券账户和资金账户，同时与银行建立储蓄等业务关系的一个过程。

最初的证券交易只能现场开户，而现在随着证券市场的不断发展，投资者已经可以进行非现场开户了。相比于投资者在证券公司营业部柜台进行的现场开户，非现场开户主要包括见证开户、网上开户和中国结算公司认可的其他非现场开户方式。

现场开户的投资者一般需要前往所在地的证券营业部或者是证券登记机构进行办理，同时还需要提供本人的有效身份证件和复印件。如果委托他人代办，则还需要提供代办人的身份证和复印件。

相比于现场开户，现在投资者更加青睐于非现场开户的方式。在非现场开户的模式之中，见证开户和网上开户是常见的两大模式。

见证开户：主要是指客户在证券营业部或经营场所之外，通过证券公司负责见证的工作人员当面验证客户身份，见证客户签署开户资料之后，由证券公司为投资者开立账户的一种模式。在这里，证券公司负责见证的工作人员必须要具有证券从业资格，同时还需要通过证券公司非现场开户业务的培训。

见证开户模式又可以分为双人见证和一见证人+远程视频的方式。双人见证是由两名见证人员面见客户，其中的一位见证人员必须是柜台人员。而一见证人+远程视频是指可以由一名见证人员面见客户，柜台人员通过远程实时视频的方式完成见证。

对于新手投资者来说，在进行见证开户的过程中要注意不同的见证方式的不同要求，以免自己的财产权益受到侵害。

网上开户：主要是指客户通过证券公司的网上开户系统，凭借有效的数字证书自行完成开立账户的过程。

要注意的是，通过网上自助开通的账户，在没有经过证券公司的工作人员当面或者视频验证身份的情况下，只能够用来买卖开放式基金和证券

公司认定的低风险等级的金融产品。用于开户的数字证书是由证券公司或国家主管部门批准设立的电子认证服务机构颁发的,证券公司在验证了客户身份之后才能向客户颁发数字证书。

网上开户一般分为身份认证、安装数字证书、风险测评、开户协议阅读、股东账户和资金账户开设、回访和投资者教育几个步骤,在完成了上述环节之后,投资者便可以在股票市场上进行投资了。

3.2.2 股票交易流程

在股票投资过程中,开户是一个基础环节,也是进行股票交易的第一个环节。完整的股票交易流程从开户开始,同时还依次包括委托、竞价成交、清算交割和过户等几个环节。投资者在了解了各个环节的操作方法之后,就能够对股票交易产生一个明确的认识了。

前面小节中提到了开户的流程,其中投资者在开户时需要开设两种账户。一种是证券账户,作为投资者的证券存折,由证券登记机构设立。一种是资金账户,主要是由经纪商代为转存银行。投资者在某一证券交易机构开立账户,也就意味着委托该机构办理登记、清算和交割等后续流程。

开户流程之后是委托,其是指客户向经纪商下达买卖指令,可以当面进行委托,也可以电话委托,同时还可以用书信和电报进行委托买卖。委托主要包括购买委托和出售委托、整数委托和零数委托、市价委托和限价委托、当日委托和公开委托、完全授权委托和限制授权委托共五种类型。

在委托流程之后是竞价成交环节。股票交易的方式多以竞争方式进行,常见的有拍卖标购和竞价买卖两种成交方式。在买方为多数的情况下,卖方与最高买方报价人成交的方式即为拍卖。在卖方为多数的情况

零基础投资理财课 Lingjichutouzilicaike

下,买方与最低卖方报价人成交的方式则为标购。如果在买卖双方都为多数的情况下,买方和卖方相互竞争,以最低卖价、按最高买价成交的方式则为竞价买卖。

　　成交环节之后要进行的就是清算和交割了。清算主要是核对有无成交单上的错误、计算净证券或价款,同时确定每一个券商收进或者付出的证券或金额。每个证券交易所都设有清算机构,对同一会员在同一交割日对同一股票的买卖进行抵消清算,只对差额进行交割。

　　交割是指卖方把股票交给买方,而买方把款项交付给卖方的一种行为,就是买卖双方成交后进行的股票和现金交付行为。我国目前采取"T+1"也就是次日交割的方式,在买卖成交后的下一个营业日正午之前办完交割手续,如果下一个营业日是节假日,则顺延一天。

　　股票交易的最后一道手续是过户,对于那些不记名的股票,在进行完清算和交割之后,整个股票交易活动就宣告结束了。但是对于那些记名股票来说,还需要进行最后一道环节,也就是完成过户。

　　过户是指办理变更持有人名单手续的过程。当股票从一个持有人手中转给另一个持有人时,收到股票的持有人必须要到发行股票的公司去办理变更持有人名单的手续,从而保证自己在到期之时能够领取到股息。我国的上市股票已经实现无纸化交易,交割和过户往往会同时进行,省去了去发行公司办理过户手续的流程。

　　以上就是完整的股票交易流程,在了解了流程之后,投资者就要开始接触一些股票投资方面的方法和技巧了。

3.3 股市投资进阶

进入股票市场的大门之后,想要直接一步登天到达顶峰的人最好原地返回,退出大门,只有那些肯一步步积累知识、磨练能力的投资者才能够最终达到顶峰。股票投资风险很高,但却并不那么难以理解,只要掌握了股票投资的技巧,在股票市场中获利是很容易的。

但股票市场的错综复杂又是没有人能够掌控的,所以即使是投资高手的话也未必就能成为新手的投资箴言。投资者只有自己进入到其中掌握股票投资的进阶技巧,虽不一定能保证股票投资的成功,但却可以让投资者对股票投资产生一个更为清醒的认识。

3.3.1 如何选一只好股票

股票投资需要掌握一定的原则,这一点对于任何投资者来说都是重要的,只有掌握了股票投资的一些基本原则,才能提高投资的成功率。

首先,投资者在进行股票投资的时候要优先选择自己熟悉的行业,这样才能够更好地分析具体企业的实际情况,从而了解到哪些企业的业务清晰、业绩优良,那些管理层能力比较强的企业所发行的股票往往是最好的投资选择。

在分析企业是否优秀时,首先是看财务方面。投资者在选择一家企业的股票时,应当在研究上市公司的财务报表上面多下些功夫。学会看上市公司的财务报表并不容易,但很多时候投资者获得企业信息的主要来源便是上市公司的财务报表。

其次，与企业的运营发展相关的一些因素也是投资者需要分析的地方。了解上市公司的产品销售情况、市场竞争力、市场占有率，以及在未来行业之中的发展前景都能对股票投资大有帮助。尤其是在行业发展前景方面，对于投资者的未来投资有着重要影响。

再次，企业管理层的能力和素质也是投资者需要考虑的一个方面，企业的领导层是否具有高素质的管理能力、企业是否拥有一套完善的组织管理体系以及企业领导层是否能够真正为广大股东谋取福利都是影响投资者投资成败的因素。

即使是投资新手，想要掌握上市公司的一些发展情况也并不困难，通过互联网或是报纸杂志都可以获得企业的相关信息。虽然没有办法像专业人士那样深入地了解企业的实际发展情况，但至少可以避免盲目投资现象的发生，也能更好地确保投资者的财产安全。

掌握了上面提到的各种不同内容之后，就能够判断出股份企业发行的股票是否值得购买、是否具有升值空间了。一般来说，在面对纷繁复杂的股票市场时，下面几种类型的股票的投资价值是比较高的。

蓝筹股。蓝筹股是一种稳定的现金股利政策，对于公司现金流的管理有着很高要求。通常来说，那些经营业绩较好并且发展稳定、能够支付较高的现金股利的公司股票都可以被称为"蓝筹股"。

一般来说，在大型的传统工业股和金融股中蓝筹股较多。"蓝筹股"企业的经营实力强大，盈利能力也比较稳定，无论是在行业发展的繁荣时期还是衰落时期，都能够保证获得利润。相对来说，投资者投资蓝筹股的风险要比投资其他股票小一些。

潜力股。潜力股是指在未来的一段时间中存在上涨潜力的股票，这些股票也具有潜在的投资预期。这一类型的企业股票虽然在现阶段发展不

畅，但在未来因为一些个别的因素可能会得到快速发展，是一种十分值得投资的股票。

潜力股在价格上相对较低，这就降低了投资者的投资风险，如果拥有可以炒作的题材的话，那么低价股进行炒作的成本也是相对较低的。这些具有潜在题材的潜力股，在未来很有可能会因为题材被发掘而产生出更高的价值，这也正是潜力股的一个正常表现。

大手成交的股票。在正常的市场交易情况下，从股票的成交量可以看出投资者对于某种股票购买欲望的强弱。在股票价格之外，成交量也可以成为投资者进行投资选择的一个重要标准。当然，在根据成交量来进行投资之前还是需要对企业和股票行情进行一定的了解。

新股。在股票市场中，新上市的股票越来越多，这对于投资者来说也已经见怪不怪了。一般来说，新股的筹码高度集中，很容易成为炒作的对象，投资者在这种炒作之中也比较容易能够获得投资回报。

选择一个好股票的关键在于投资者能够正确分析企业的发展形势，股票投资并不只是单纯的数字游戏，即使是投资大师也需要按部就班地在对企业进行分析之后再确定这只股票是否值得购买。

3.3.2 投资时机的选择

"低价买入，高价卖出"是股票投资的基本原则，每一个初入股市的人都会听到这句话，但究竟什么时候是最佳买入时机、什么时候才是最佳卖出时机却很少有人能够把握得准。对于股票投资来说，投资时机的选择往往要比投资方法重要得多，选对了投资时机即使是三线股也能获得利润。

小黄刚刚大学毕业,作为一名金融专业的学生,看到同学们都通过炒股获得了利润,小黄也打算将自己的2万元钱投入到股市中。在同学的推荐之下,小黄以15元的价格购买了一只股票,其后几天股票价格下跌到了13元,但在一周之后,这只股票的价格开始不断上升,转瞬间便上升了到38元的高价。

看到同学们纷纷卖掉股票,小黄却并没有展开行动,小黄认为当前股票的价格仍然处于上升阶段,股票价格突破40元之后再卖出获利会更多。因此小黄并没有像同学们一样抛售股票,当股票价格上升到39元时,小黄看到了成功的希望。但仅仅一天之后,股票价格却开始逐渐下降,价格下降的趋势始终在持续,小黄的内心开始焦急起来,最后只得在23元时将股票全部抛出。

小黄很幸运,她的股票投资并没有出现亏损,但相较于同学们,小黄获得的盈利却相当少。从小黄的故事中可知,股票价格在13元时应当是买入的最佳时机,股票价格在39元时则是最佳卖出时机,如果能够把握住这两个时机,将会获得最大化的利益收入。

那么,究竟要如何把握住这两个最佳时机呢?一般来说,投资者可以通过以下几个因素来进行判断。

股市出现利好消息时。当股市处于上升趋势早期时,出现利好消息,应当果断低价买入。而如果股票市场处于上升趋势的末期出现利好消息时,则应当果断高价卖出。

从大环境判断最佳时机。在整个国家经济向上发展的时候,股票市场也会呈现出向好的趋势。在长期投资的过程中,企业业绩表现良好、发展

潜力巨大，呈现出持续增长趋势时可以趁势买入。

从行业政策着手判断。当国家颁布相关行业政策的时候，相应行业的股票价格将会出现一定的波动。在市场价格出现波动之前，可以根据相关政策来确定买入和卖出的最佳时机。

通过上述三个方面内容，投资者可以找到好的买入点和卖出点，从而做出合适的投资判断。在股票投资活动中，投资者要始终保持清醒的头脑，在投资之前设定一个止损点和盈利点，当股票价格高于盈利点或低于止损点的时候就要果断抛出。要记住，炒股是一种投资活动，而不是投机活动。

3.3.3 股票投资误区分析

作为一种高风险高收益的投资理财方式，股票投资就像是一场惊心动魄的过山车，没有人能够始终保持在高位，也不会有人一直处于低谷。无论是投资专家还是投资新手，都会在股票市场中犯错误，而想要一直不犯错误，最好的办法就是不要进入股市中。

初入股市的小杨由于经验不足，拜了一位"投资高手"为师。这位"投资高手"并没有教给小杨什么像样的投资技巧，而是经常不定时间告诉小杨一些投资箴言。前几次，"投资高手"的箴言确实十分管用，但渐渐地这种箴言开始失去效用，当小杨的资金在股票市场中被牢牢套住时，"高手"才道出了自己的投资箴言原来是一些"小道消息"。

听信"小道消息"是股票投资活动中的大忌。股票市场复杂多变，

充斥着各种消息，不能否认这其中有对市场的正确预测，但股票市场中流传的大多数信息都是"小道消息"。轻信"小道消息"做出决策往往会造成重大损失，即使是股神巴菲特也不能准确预测股票市场的走势，更何况是其他投资者呢。根据一些"小道消息"来进行股票投资的行为是不明智的。

贪多心理。每一个投资者都希望自己认购的股票能够一飞冲天，但实际上复杂的投资环境使得股票投资很难对收益进行保障。想要获得高收益就要面对高风险，想要让资金翻倍就要做好资金清零的准备。盲目追求高收益而错失合适的卖出时机是一种错误的投资心理。

不愿意吃亏。一方面是由于投资者不想要吃亏，另一方面是由于投资者不知道如何止损，这个误区可以从这两方面来进行理解。那些看到自己购买的股票已经出现下跌趋势却仍然不舍得抛出止损的投资者很容易陷入到不断亏损从而被套牢的境地。很多时候，学会放弃不仅能够抑制亏损，同时还可以为日后的投资获利保留资金，投资者不能因为一时不想吃亏而造成更大的亏损。

持股结构不合理。"不要把鸡蛋全部放在一个笼子里面"，在进行股票投资时，一定要学会分散风险，在选择股票时要注意分散投资，从而分散投资的风险。在持股结构上，投资者应当尽量选择不同行业的不同股票，这样才能达到持股结构的立体化，也可以将中长线投资和短线投资相结合，这也是一种分散投资风险的举措。

投机心理。在股票投资中，确实有人依靠投机活动获得了巨大利益，但这就像苍茫大海中的一粒粟米般十分罕见。对于大多数投资者来说，投机是一种极具风险性的行为，很容易造成大量资金的损失。股票投资讲求一定的策略，即使是投机也是讲求策略的。那些抱有投机心理，想要通过

一两次交易获得巨大收益的投资者,往往会成为股市中的失败者。

"知己知彼,方能百战不殆",在了解自身心理承受能力和逻辑思维能力的基础上充分掌握股票投资的各种知识技巧,才能在股票投资中立于不败之地。"股市有风险,投资需谨慎",想要进入股票市场的投资者应时刻牢记这句话。

零基础投资理财课 Lingjichutouzilicaike

第四篇

基　金

4.1　认识基金投资

相比于股票投资，从个人投资角度来看，购买基金是一个不错的选择。股票投资对于投资者的个人能力和投资技巧有着一定要求，而基金投资则没有这方面要求，因为有专门的投资专家来帮助投资者做出决策，所以即使是对投资理财一窍不通的"小白"也能够通过基金投资来获得收益。

但有专家帮助投资者做出投资决策并不意味着投资者在不了解基金知识的情况下，就可以进行基金投资了。虽然相比于股票投资而言，基金的风险性要小一些，但基金市场同样是一个复杂的投资市场，其中各种不同基金鱼龙混杂，一旦选择了"垃圾基金"投资者便会遭到巨大损失。

4.1.1 基金投资的种类

基金投资可以说是一种兼顾收益和风险的投资理财方式，既没有股票投资的高风险，在收益上又比银行储蓄要高，正是这种特性让基金投资获得了更多投资者的青睐。

基金是由基金管理公司发行基金单位，集中投资者的资金，然后由基金托管人托管，由基金管理人管理和运用资金，从事股票、债券等金融工具投资，共担风险、共享利益的一种间接证券投资方式。

基金管理公司的投资专家往往具有丰富的投资知识理论和深厚的实践投资经验，他们可以帮助投资者更好地配置自己的资金。投资者将资金交给基金专家打理，可以达到组合投资、分散风险的目的。

想要进行基金投资，首先要了解的就是基金的类型。投资者可以将自身的投资习惯和不同基金的特征结合起来，从而做出更好的投资选择。一般来说，市场上的基金根据不同的标准可以划分为以下几种不同的种类：

（1）根据基金单位是否可以增加或者赎回，可以分为开放式基金和封闭式基金。

开放式基金又被称为共同基金，是指基金发起人在设立基金时，基金单位或者股份总规模是不固定的，如果投资者有需求，便可以随时向投资者出售基金单位或者股份，同时也可以根据投资者的要求赎回发行在外的基金单位或者股份的一种基金运作方式。

封闭式基金是指基金发行总额和发行期在设立时就已经确定，在发行完毕后的规定期限内发行总额固定不变的证券投资基金。投资者在基金存续期间内不能向发行机构赎回基金份额，基金份额的变现也必须通过证券交易场所上市交易。

（2）根据投资对象的不同，可以分为股票基金、债券基金、货币市场基金、期货基金、期权基金、指数基金等不同类型。

股票基金是以股票作为投资对象的基金，而债券基金则是以债券作为投资对象的基金。货币市场基金是以货币市场金融产品为投资对象的基金，期货基金则是以各类期货品种为主要对象的基金。期权基金是以能够分配股利的股票期权为投资对象的基金，指数基金则是以某种证券市场的价格指数为投资对象的基金。

（3）根据组织形态的不同，可以分为公司型投资基金和契约型投资基金。

公司型投资基金是指具有共同投资目标的投资者依据公司法组成以赢利为目的、投资于特定对象的股份制投资公司。契约型投资基金是指根据一定的信托契约原理，由基金发起人和基金管理人、基金托管人订立基金契约而组建的投资基金。

（4）根据投资货币种类，可以分为美元基金、日元基金和欧元基金等。

美元基金主要指投资于美元市场的基金。日元基金则是指投资于日元市场的基金。

（5）根据投资风险和收益的不同，可以分为成长型投资基金、收入型投资基金和平衡型投资基金。

成长型投资基金的投资对象是市场中有较大升值潜力的小公司股票和新兴行业的股票，是以资本长期增值作为投资目标的基金。收入型投资基金的投资对象主要是一些绩优股、债券和可转让大额定期存单等收入比较稳定的有价证券，是以追求基金当期收入为投资目标的基金。

（6）根据资本来源和运用地域的不同，可以分为国际基金、海外基

金、国内基金和国家基金等不同类型。

国际基金是对国际资本市场上存在的大量公募、私募性质的基金管理公司的一种泛称。海外基金由国外投资信托公司发行，通过海外基金的方式进行投资。国内基金由国内发行的基金，在国内注册，以国内投资人为销售对象，同时受到相关法律的监督。国家基金是指资本来源于国外，并投资于某一特定国家的投资基金。

4.1.2 基金投资"黄金要点"

"基金投资是如何获得盈利的？"这个问题是每个基金投资者都需要首先弄清的问题，不知道如何盈利，投资也就失去了意义。一般来说，基金投资的总回报就是投资者进行基金投资的盈利来源。

总回报是指基金在一定时期内的收益，作为衡量基金表现的基本数据，总回报主要分为两个方面内容，一是收入回报，二是资本回报。收入回报是指基金在一定时期中收到的分红和利息收入，而资本回报则是指基金所持有的股票和债券等价格的涨跌幅度。

在总回报这个概念之外，投资者还需要掌握以下几个重要的基金投资中的概念：

资产净值：基金的资产净值是指在某一个时间节点上基金资产的总市值扣除了总负债之后的余额，这是计算基金总回报的基础和前提，同时也是基金持有人权益的代表。单位基金资产净值=基金资产净值/基金单位总数。概念中提到的总市值也就是基金拥有的所有资产，而总负债则是基金运营或融资过程中产生的负债，公式中基金单位总数是指当时已经发行的基金单位的总量。

基金估值：基金估值是指按照公允价格对基金资产和负债的价值进行计算和评估，从而确定基金资产净值和基金份额净值的一个过程。这是确定基金净值的关键步骤，在进行基金估值的过程中必须要保持估值方法的一致性和公开性，如果基金变更了估值方法，则需要及时进行披露。

基金份额净值：是指以计算日基金资产净值除以计算日基金份额余额所得的基金份额的价值。基金份额净值是开放式基金进行申购、赎回金额的计算基础，关系到投资者的切身利益，这就要求在计算基金份额净值的时候必须准确无误。由于基金总资产的市场价格并不确定，所以基金的资产净值需要每个交易日计算一次，开放式基金在每个交易日都需要公告净值，而封闭式基金则至少每周公布一次净值。

基金分红：基金分红是指将收益的一部分以现金方式派发给基金投资人，这部分收益原本就是基金单位净值的一部分。基金分红并不是衡量基金业绩的最大标准，基金净值的增长才是基金业绩的最重要表现。对于投资者来说，基金分红并非越多越好，投资者应当按照自己的需求选择分红方式。

4.1.3 基金投资风险评估

年近半百的赵阿姨正在银行中排队等待存钱，偶尔听到附近的几个阿姨在谈论基金投资的话题，本打算存钱的赵阿姨出于好奇也加入了讨论。其中一个与赵阿姨年纪相仿的阿姨说道："投基金要比存银行合适多了，我儿子就是投的基金，什么也不用管，跟存银行一样，到最后拿到的钱比这要多多了。"

半信半疑的赵阿姨拿钱回到家找到邻居小王了解基金投资的情况，通

过小王的讲解，赵阿姨用自己的钱购买了一只基金。在此后的日子里，赵阿姨每天都盯着手机上的基金走势，涨了的时候高兴不已，跌了的时候又痛心不已。过了一段时间，赵阿姨的基金出现了很长一段时期的亏损，这让赵阿姨急得不行，迅速将手中的基金全部卖出。最终计算下来，赵阿姨并没有赚到什么钱，反倒是经历了一段忐忑不安的日子。

基金投资可以兼顾收益和风险，但却并不意味着投资基金可以完全规避风险，故事中的赵阿姨正是被基金投资的风险因素折腾得心惊肉跳。任何一种投资方式都是存在风险的，即使是被认为最安全的银行储蓄也存在一定风险，在进行投资时不能只看到收益而忽略了风险的存在。

基金投资的风险主要可以归结为三个方面：市场、基金公司和投资者个人。

市场风险主要表现为市场的下跌和过热。不仅市场下跌能够带来投资的风险，市场过热也会为投资者带来一定的投资风险，正所谓暴风雨前的宁静。在次贷危机之前，美国的房地产市场呈现出一派繁荣景象，而实际上这只是"阳光下的泡沫"，轻轻一触就会破碎。当繁荣景象过后，美国便爆发了严重的次贷危机，从而带来了整个世界的经济危机。

基金公司中管理者的操作失误同样会为基金投资带来风险。专家理财是基金投资的一大优势，同时也是产生基金投资风险的重要方面。基金管理者自身的素质水平和投资技巧在很大程度上影响着基金投资的成败，而基金公司对于未来市场的经济走势和发展预期也会在很大程度上影响到基金管理者对基金投资方向的选择。

基金投资者自身也会为自己基金投资带来一定的风险。虽然专家理财让投资者可以不去研究高深的投资技巧，但基金专家只是负责对手中集中

的资金进行投资,而真正决定持有和卖出基金的人还是投资者。

每一个投资者都希望寻找到业绩优良的投资基金,但投资基金的业绩更多的只能代表过去,却难以预测出未来。投资者很容易在基金走高之前卖出,而在基金下跌之前买入,盲目追求高价买进、低价卖出的投资者往往难以得到自己想要的结果。

4.2 如何进行基金投资

选择一只好的基金从很大程度上决定了基金投资的成败,虽然这句话说得有些绝对,但选择基金对于基金投资的重要性是不言而喻的。在选择基金时,投资者除了要考虑基金的情况外,还需要考虑自身对于风险的承受能力。

基金投资对于买入和卖出时机的把握也关系着投资的成败,这一点与股票投资是十分相似的。只是由于具体的投资类型不同,在买入和卖出时机上也会存在一些不同之处。

4.2.1 判断自己的风险承受力

在进行基金投资之前,投资者应当首先根据自己的心理承受能力、投资目标、财产状况等因素对自身的投资行为有一个明确认识,而后再去选择对应的基金品类进行投资。如果投资者自身没有办法把握其中的标准的话,那么可以根据基金公司给出的标准来进行评判。一般来说,基金投资者的风险承担能力可以分为五个类型。

(1)保守型:这类投资者对风险的承受能力极低,对收益的要求也并

不高,在投资目标上只要求略高于中长期银行存款利率,同时确保投资本金在通货膨胀中能够发挥出保值功能。

(2)谨慎型:这类投资者的风险承受能力较低,能够承担一定程度的本金损失,但会及时进行止损。在基金投资之中,这类投资者更加倾向于低风险的基金品类,较少接触股票基金投资。

(3)稳健型:这类投资者的风险承受能力适中,比较倾向于资产均衡配置,能够承担一定程度的投资风险。在投资目标上也高于保守型和谨慎型投资者,希望在基金投资中获得更多的收益。

(4)积极型:这类投资者的风险承受能力较高,更倾向于较为激进的资产配置,同时投资预期收益也相对较高,更倾向于股票基金等高风险类基金。这类投资者除了追求资本获利之外,也会追求投资差价收益。

(5)进取型:这类投资者具有极高的风险承受能力,更倾向于高风险基金类型,投机性较强,喜欢利用市场波动来赚取差价,从而在短期内获得最大化利益。

以上这些投资者类型不仅适用于基金投资,在其他投资领域也同样适用。投资者可以根据上述描述来确定自己是哪种类型的投资者,从而选择更加适合自己的投资方式。

除了找准自己的定位外,投资者还需要找到适合自己风险承受能力的基金产品。在中国证券投资基金业协会发布的《基金募集机构投资者适当性管理实施指引(试行)》中对基金产品的风险等级做了规定。

指引规定基金产品或服务的风险等级由低到高至少要划分为R1、R2、R3、R4、R5共五个等级。不同风险承受能力的投资者要购买与之相应的风险等级的基金产品。高风险承受能力的投资者可以购买同等级和低等级风险的产品,但是低风险承受能力等级的投资者在购买高风险等级的基金产

品时则需要在提出申请后进行相应的确认和承诺。

4.2.2 选基金要先看业绩

在股票投资之中,股份公司的经营业绩是投资者必须要关注的一个重要内容。经营业绩好的企业发行的股票具有较大投资潜力,经营业绩不好的企业发行的股票投资价值则不大。在基金投资之中,业绩同样是投资之前需要考量的重要问题,其不同之处在于基金投资要考察的并不仅仅是发行股票企业的业绩,同时也要考察基金公司的过往业绩。

好的基金公司可以在各种市场环境下保持稳定的业绩,在考察基金公司业绩的过程中主要需要关注以下几方面内容:

(1)看基金公司是否拥有一个成熟的投资理念,在具体的操作过程中是否始终按照自身的投资理念进行投资。是否拥有专业化的研究方法和风险管控手段,投资流程是否科学规范也是投资之前考察的一个重点。

(2)基金公司的历史业绩可以直观地反映出基金公司的实力水平,虽然历史业绩并不能够代表未来,但从基金公司的历史业绩中,投资者可以看到基金公司的投资能力和市场驾驭能力。

进行基金投资除了要考察基金公司的业绩外,还需要注意衡量其他几方面因素:

(1)基金公司的业绩水平在很大程度上取决于基金经理的技术水平,由优秀基金经理组成的基金公司是投资成功的保障。基金公司团队中人员的个人素质、技术水平和投资业绩也是投资者在选择投资公司时的一个重要考察因素。

(2)基金公司的服务水平也应当列入投资者的考察范围之中,基金公

司作为帮助投资者进行投资理财的中介机构，为投资者提供优质的理财服务是其根本任务。基金公司的投资服务流程是否健全完善、投资方法是否适合投资者、投资服务质量的高低都是投资者在选择基金的过程中必须要考察的指标。

选对了基金公司是基金投资的重要一步，"理财专家"是投资者投资成败的关键，也是投资者自身选择的结果，与选择基金公司一样，把握买卖基金的时机也需要投资者自己去进行考量。

4.2.3 基金投资"方法论"

现阶段我国的金融市场上已经出现了几百种不同的投资基金，在面对众多基金品类时，是将全部家当都买入同一种基金，还是将"鸡蛋"分散在不同的"篮子"中，虽然有专业的基金公司为投资者规划投资方向，但很多具体的投资流程还是需要投资者自己来完成。

无论投资者选择投资哪种基金，都需要掌握一定的投资方法和技巧，现阶段基金投资的方法主要有以下几种，投资者可以根据自己的实际情况来进行选择。

固定比例投资法：又被称为公式投资法。这种方法要求投资者将资金按照一定比例投放到不同类型的基金中，这些基金中既包括高风险高收益的股票基金，同时也包括低风险低收益的债券基金。一旦某种基金由于净资产变动使得原有的投资比例发生变化时就迅速交易这种基金，从而保持原有的投资比例固定不变。

如果投资者决定以40%、30%和30%的比例来投资股票基金、债券基金和货币基金，那么当股票基金净值上涨的时候，股票基金所占的投资比例

就会上升,这时将新增加的股票基金卖掉再购买其他类型的基金,可保证三种基金的比例依然是40%,30%和30%。

固定比例投资法可以保持各类基金按照不同的比例的投资金额,能够更好地保证投资的收益,而不至于因为某一种基金净值的下降而使投资亏损。当某类基金净值上涨的时候,就补充其他净值低的基金;而当某类基金净值下跌的时候,就补进这些低成本的基金。可以让投资者直接获得投资收益。

适时进出投资法:这种投资方法又被称为做短线或抢跑道。这是一种完全按照市场行情作为进出依据的一种投资方法。当预测市场行情将会出现上涨的时候果断增加投资额,买进基金。当预测市场行情将会出现下跌时,则减少投资额,提前卖出基金。至于具体是以全部资金适时进出,还是以部分资金适时进出,就要看投资者自身的实际情况了。

这种投资方法并不适用于所有投资者。将市场行情作为买卖基金的依据,就要求投资者能够利用一些基金投资的技术指标来预测市场行情的走向,这一点对于新手投资者来说存在着较大困难。每个投资者都希望自己能够把握市场行情,想要依靠适时进出投资法获利就要具备较高的市场行情判断能力,没有技术指标支撑而盲目判断只会造成投资的亏损。

更换操作投资法:又被称为换股操作。这种投资方法的一个基本假定就是每种基金净值都会随着市场行情的变化而出现涨落。据此,投资者就应当追随强势基金而果断放弃不良基金。虽然更换基金会造成收益的减少,但从长远来看,始终跟随优良基金是一种正确的选择。当市场行情不好,各类基金都表现较差的时候,这种投资方法也就不能适用了,因为无论怎样更换基金都没有办法获得更高的利润。

基金投资的方法多种多样,在具体操作上还是要因人而异。资金较多

的投资者可以尝试固定比例投资法，擅长短线操作的投资者则更钟爱适时进出投资法。投资者要在弄清自身的各项基本条件之后再选择最适合自己的投资方法，这样才能够保证基金投资的成功。

4.3 基金投资进阶

想要在基金市场中游刃有余，就需要尽可能地掌握更多基金投资的技巧。相比于基础的基金投资知识，高级基金知识需要投资者首先具备一定的投资经验，在此基础上便可以在基金市场上进行更多的尝试，谋求更高的利益回报了。

投资者在追求高回报的同时，还要学会防范各种基金投资的风险，没有办法获得高回报，至少要保证投资本金的安全。

4.3.1 投资新玩法——基金转换

交易时机对于任何类型的市场投资都具有重要意义。投资者如果能够跟随市场的节奏把握好交易时机，便可以实现资本投入的最大化收益。但面对错综复杂的金融市场，把握交易时机又是十分困难的。无论是在股票投资还是在基金投资方面，交易时机的把握都是较为困难的。

把握基金投资的时机是困难的，很多时候我们所探讨的交易时机更多地是已经发生过的事情。比如说当一只基金昨天上涨了几个百分点，那我们怎么确定交易时机呢？如果明天基金的净值会出现下降，那就可以说前天是这只基金的最佳买入时机，而今天则是这只基金的最佳卖出时机。这个道理在股票投资中也是一样的。

在具体的操作过程中,市场的复杂多变为投资带来了很大的不确定性。相比于股票投资,基金投资在时机问题上对于投资者而言并不是那么敏感。投资者的资金会有专业的基金经理进行管理,根据市场的波动来不断调整投资策略。如果投资者选择了优质的基金进行长期投资,那么往往能够获得不错的收益。

基金的手续费往往要比股票高一些,所以基金更适合于中长期投资者,而不适合短线投资。如果每次基金净值出现下跌的时候投资者都选择赎回基金,等到净值上涨之后再进行购买,那么很明显会增加投资的成本。反复多次交易很容易造成投资收益的缩水,与其这样,投资者倒不如选择在同一家基金公司的不同基金之间进行转换交易。

基金转换是指投资者在持有基金公司发行的任意一种开放式基金之后,可以将其持有的基金份额直接转换成同一基金公司所管理的其他开放式基金的基金份额。投资者并不需要赎回已经持有的基金单位,再去进行申购目标基金。

进行转换的两只基金必须要是在同一家销售机构销售的,同时也必须是同一个注册登记人的两只同时开放式基金。其中,前端开放模式的开放式基金只能够转换到前端收费模式的其他基金,申购费用为零的基金被默认为前端收费模式。后端收费模式的基金则可以转换到前端或后端收费模式的其他基金。

如果投资者具有一定的投资经验,就可以在市场行情不振的时候投资货币基金,而当市场行情好转的时候再将货币基金转换为股票基金。这样一来,即使是市场低迷,投资者依然可以依靠货币基金获得高于银行定期存款的收益。而当市场提振的时候,则可依靠股票基金获得更高的收益。

在费率上,相比于较高的申购和赎回费率,基金转换只需要投资者支

付较低的费率。这也是基金公司为了挽留投资者的一种做法。当风险承受能力较高的投资者购买了低风险低收益的基金时，就可以通过基金转换操作将手中的基金转换为风险和收益均较高的股票基金上了。

正是因为基金转换操作的存在，投资者在选购基金的时候还需要考察基金公司的基金产品是否健全、是否能够满足基金转换的要求。不同的基金公司基金转换的费用也各不相同，投资者在进行基金投资的时候需要一并进行考虑。

4.3.2 玩转基金定投

在前面的小节之中我们介绍过几种不同的基金投资方法，在上述投资方法之外还有一种投资方法，这种投资方法被称为"懒人投资法"。这不仅是因为在投资方式上十分方便，也是因为这种投资方法更适合缺少基金投资经验和时间的投资新手们。

这种"懒人投资法"就是基金定投，又被称为"平均成本投资法"。其是指每隔一段固定时间后，就以固定金额的资金投资于某个基金。使用这种投资方法，投资者可以不必考虑市场行情的变化，当基金净值较低时，用同样的金额可以购买较多的基金；当基金净值较高时，用同样的金额可以购买较少的基金。长期平均下来，投资者购买每个基金单位的价格也是较低的，这要比投资者一下子投入全部资金购买基金划算得多。

小黄采用基金定投的方式购买基金，从1月份开始，小黄每月投入1000元来购买基金。第一个月基金的净值是1元，小黄买入了1000份基金。到了第二个月，基金的净值上升到了1.2元，小黄投入1000元买到了833份基金。

又过了一个月，当基金净值为0.8元的时候，小黄投入1000元买到了1250份基金。

3个月下来，小黄一共投入3000元，买入了3083份基金。如果小黄在第一个月一次性投入3000元钱，他所购买到的基金份数应该是3000份。第二个月一次性投入3000元钱，他所有买到的基金份数是2500份。第三个月一次性投入3000元钱，他所购买到的基金份数则为3750份。

从购买的基金份数看来，小黄在第三个月一次性投入3000元钱，获得的基金份数是最多的，因为当月的基金净值是最低的。份数第二多的就是按照定投方式购买基金。从这里也可以发现，基金定投这种投资方法更适用于进行长期投资，如果按照单独一个月来计算的话，基金定投并没有办法显示出优越性来，只有进行长期投资才能够实现用较低的成本来购买相对较多的基金份额的目的。

基金定投作为一种风险可控、收益可观的基金投资方法，适用于大多数投资者，并不需要太多的专业投资知识，也不会面临过高的投资风险，投资者只要保持长期持有就能够享受到较高的收益回报。

虽然基金定投并不需要投资者进行过多的操作，但实际上基金定投也是有一定技巧的，只有掌握了其中的技巧才能获得更高的收益。

长期持有是基金定投的一个关键要素。究竟能否实现用较少的成本获得较多的基金份额，重要的因素在于投资者是否能够坚持长期持有。股神巴菲特的成功秘诀之一就是长线持有，即使手中的股票价格出现下跌，巴菲特依然会坚持持有，最终通过长线投资来获取巨大的投资回报。

基金定投是一个长期积累的过程，只有坚持长期持有，才能够通过"利滚利"的方式获得丰厚的收益回报。看上去这似乎并不是一个投资技

巧，但实际上，坚持长期持有并不是一件容易的事情。

长期持有对投资者的资金储备和心理素质都是一种考验，每一次基金净值的涨落都会让投资者忐忑不安。当基金净值出现大涨时，哪个投资者不想高价卖出？当基金净值出现大跌时，哪个投资者又不想卖出止损呢？所以，控制好自己的投资心理是坚持长期持有的一个关键。

在投资心理的掌控方面，设置心理预期目标是基金定投的另一个技巧。金融市场复杂多变，基金净值也经常会随着市场行情的变化而发生改变。投资者需要面对多种多样的市场信息，这些真假难辨的市场信息很容易对投资者的投资心理造成不好的影响。为了避免不理智心理带来的错误操作，投资者应当为自己设置相应的止盈线和止损线。

大多数投资者都知道设置止损线是为了减少投资亏损，那为什么又要设置止盈线呢，一直盈利难道不好吗？在这里，进行基金投资的投资者要认清一个道理，只要投出的资金一天没有回到自己的"口袋"之中，这些资金就不能叫作盈利。

当投资市场遇到大牛市的时候，大多数人都能够通过基金投资获利，但这时的利益更多地表现在投资者的基金账户上，这些钱并没有进入到投资者的口袋中。在牛市中，投资者往往会对市场充满信心，即使账面浮盈已经很多也依然希望获得更多的盈利。这个时候往往是形势转变的开始，随着市场行情的下跌，投资者的盈利开始一点点减少，这时的投资者如果仍然期待获得更多回报的话，最终就会导致盈利消失，以至于出现亏损。

止盈线正是为了防止投资者过分追求高回报，以至于错失良好的交易时机而设置的。投资者为自己设置一条盈利终结线，一旦获得目标盈利之后便应立刻采取措施，而不是无限制地追求高收益。止盈线能够帮助投资

者与自己的贪婪心理作斗争。

相较于止盈线，止损线的概念更好理解一些，投资者通过设定止损线来进行止损措施，从而可以最大限度地保证投资本金的安全。只有保证了投资本金不出现亏损，投资者才能够继续进行后续的投资行为。在设定止损线时，投资者应当根据自己的风险承受能力来进行划定。

基金定投的最后一个投资技巧就是尽量选择高风险高收益的基金进行投资。由于基金定投具有分散风险、降低投资成本的作用，所以选择高风险高收益的基金进行投资是一个很好的选择。如果投资者选择货币基金或是债券基金这些本就风险较低的基金来进行投资，基金定投的效果就将消失，基金定投也就失去了意义。

高风险高收益的基金由于波动性较大，长期投资的收益也会比较高，这时基金定投的优势就会显现出来。在降低风险的同时，保证高收益，可以达到"低买高卖"的效果。

第五篇 债券

5.1 债券是什么

债券是政府、企业、银行等债务人为了筹集资金，按照一定的法定程序发行，并且向债权人承诺指定日期还本付息的一种有价证券。从本质上看，债券是一种债务证明，具有一定的法律效力。

债券的购买者与发行者之间是一种债权债务关系。作为一种债权债务凭证，债券与股票、基金一样，也是一种虚拟资本。相较于股票和基金在金融市场中的活跃程度，债券投资似乎有些落后，但实际上，与其他投资方向一样，合理进行债券投资也能够获得高额的利润回报。当然，其也同样存在着一定风险。

5.1.1 债券的种类

作为一种虚拟资本,债券的种类也和股票、基金一样多种多样,根据不同的划分依据,债券可以分为不同的类型。

(1)按照发行主体的不同,可分为政府债券、金融债券和公司(企业)债券。

政府债券是政府为了筹集资金而发行的债券,主要包括国债和地方政府债券。相比于其他类型的债券,国债信誉好、利率高、风险也小,是大多数投资者追逐的目标。除了政府部门直接发行的债券外,一些国家还把政府担保的债券纳入到政府债券体系之中,称为政府担保债券。这类债券并不是政府部门发行的,而只是由政府部门提供担保。

金融债券是银行和非银行金融机构发行的债券,虽然与政府债券相比在信用度上稍显不足,但金融机构一般有着雄厚的资金实力,所以金融债券的信用度也是可以得到保障的。

公司(企业)债券主要是指由非金融性质的企业发行的债券,其目的同样是为了筹集发展资金。在我国,企业债券的发债主体为中央政府部门所属机构、国有独资企业或者国有控股企业,而公司债券的发债主体则是按照《中华人民共和国公司法》设立的公司法人,多为上市公司。所以,在信用保障方面,企业债券的信用度会稍高于公司债券。在国外并没有企业债券和公司债券之分,而统一称为公司债券。

(2)按照发行区域分类,可以分为国内债券和国际债券。

国内债券是由本国的发行主体以本国的货币为单位在国内金融市场中发行的债券。

而国际债券则是本国的发行主体前往其他国家或国际金融组织等用外

国货币为单位在国际金融市场上发行的债券。

（3）按照期限长短，可以分为短期债券、中期债券和长期债券。

短期债券的期限一般在1年以下，中期债券的期限是在1年到10年之间，长期债券的期限则在10年以上。

（4）按照发行方式是否公开，可以分为公募债券和私募债券。

公募债券是指按照法定手续，经由证券主管机构批准在市场上公开发行的债券，面对广大投资者，并不限定发行对象。

私募债券则是指发行者向与其有特定关系的少数投资者为对象而发行的债券。这类债券的发行范围很小，投资者多为银行或保险公司等金融机构，流动性较差。

（5）按照有无抵押担保，可以分为信用债券和担保债券。

信用债券是只依靠债券发行的信用而发行的、没有抵押品作为担保的债券。这类债券多为政府债券和金融债券。

担保债券则是以抵押财产作为担保而发行的债券。抵押的财产可以包括土地、房屋等不动产，当债券的发行人在债券到期之后没有办法履行还本付息的义务时，债券持有者可以通过变卖抵押品的方式来要求担保人承担相应的义务。

（6）按照是否可以转换，可以分为可转换债券和不可转换债券。

可转换债券是指能够按照一定条件转换成为其他金融工具的债券。

不可转换债券就是不能够转换成其他金融工具的债券。

（7）按照发行时间的先后，可以分为新发债券和既发债券。

新发债券是指新发行的债券。

既发债券则是指已经发行并且交付给投资者的债券。新发债券如果完成交付，就会变为既发债券。

（8）按照券面上是否记名，可以将债券分为记名债券和无记名债券。

记名债券在券面上会注明债权人的姓名，在发行公司的账簿上也会进行同样的登记。记名债券在转让的时候除了要转让票券外，还需要在债券上背书，同时在公司账簿上也要更换债权人的姓名。

无记名债券在票面上并没有注明债权人的姓名，同时也不需要在公司的账簿上登记持有人的姓名。

（9）按照利息支付方式的不同，可以分为付息债券、贴现债券和普通债券。

付息债券是指在券面上附有各期息票的中长期债券，持有者可以按照上面标明的时间期限前往指定地点按标明的利息额领取相应利息。

贴现债券则是在发行时按照规定的折扣率将债权以低于面值的价格出售，在到期之后，债券持有者可以按照面额领回本息。

普通债权则不按照低于面值的价格发行，持有者可以根据规定分批领取利息，也可以在到期后一次性领回本息。

5.1.2 债券的特点

债券作为一种债券债务凭证，其利息往往是事前确定的。对于债券投资者来说，债券又是一种重要的融资手段和金融工具，其主要有四个方面特征：

（1）偿还性：债券都有明确的偿还期限，到了偿还期限，债务人必须要向债权人支付利息和偿还本金。在债券的发展史上，曾经出现过无期公债和永久性公债并没有规定到期时间的情况，这种公债的债权人只能够按期获得利息。

（2）流动性：与股票和基金相同，债券也能够迅速变现。债券持有人可以根据自己的需要和市场行情来对债券进行合理的操作来换取现金。在流动性方面，上市债券的流动性一般较强，可以随时在交易市场上卖出。而那些在持有期限内无法转化为货币，或者变现过程中需要消耗较大成本的债券，其流动性则是比较差的。

（3）安全性：在安全性方面，债券要比股票和基金的安全系数高一些，但也不能因此认为债券投资的风险较小。债券的安全性主要表现在其能够很好地抵御市场价格的下降。即使是那些流动性并不好的债券，经过一定时间也能够收回本金。债券在发行的时候往往都承诺到期偿还本息，这也使得债券的安全性更高。

（4）收益性：作为一种投资理财方式，债券投资可以为投资者带来一定的收益。债券投资的收益主要来源于两个方面，一是投资债券可以为投资者带来一定的利息收入；二是和股票、基金一样，投资者可以利用债券价格的变动来进行差价交易，获得差额收入。

上面提到的是债券的四种主要特性，在这里，投资者要对这些特性有一个清晰的认识。债券投资具有安全性并不是说投资债券不会遭受到风险，事实上，债券投资同样具有较大风险——投资者不仅需要承担市场变动带来的风险，同时还需要承受债务人不履行债务的风险。

市场风险是指债券的市场价格会随着市场利率的变化而出现变化，当利率下跌时，债券的市场价格就会出现上涨；当利率出现上涨时，债券的市场价格则会出现下跌。债券的偿还期限越长，投资者所需要面对的市场风险也就越大。

债务人不履行债务的风险也是债券投资面对的一个主要风险，由于债券的发行机构多种多样，不同的发行机构在资信方面也存在不同，相较于

政府债券的资信程度，金融债券和企业债券的资信程度显然要稍低一些。为了确保投资安全，投资者在进行基金投资之前除了要考虑市场因素之外，还需要将债券发行者的资信程度作为重要考量要素。

5.1.3 债券信用评级

对于投资者来说，投资的目的是获得收益，无论是股票还是基金，收益回报都是投资者主要关注的目标。前面章节中提到在选购股票和基金时，企业的业绩是一个主要考量因素，因为只有企业的业绩不断上升，投资者所购买的股票才会出现升值。

在债券投资中，企业的业绩也很重要，但在选择债券时，投资者关注的重点却并不是企业的业绩。作为一种债务债券凭证，债券发行方的信用程度是债券投资者关注的重点。一个濒临倒闭的企业想要发行债券，无论承诺给予投资者多高的利益回报也不会有投资者选择购买这家企业的债券，因为这家企业很可能没有办法到期偿还投资者的本息。

由于债券投资的盈利方式主要以利息为主，如果企业没有办法到期偿还利息，那么投资者自然无法获得投资回报。所以，债券发行方的信用程度是投资者必须要关注的一个重要因素。在这里，债券信用评级可以很好地帮助投资者了解债券发行方的信用程度，从而方便投资者更好地做出债券投资决策。

债券信用评级是以企业或经济主体发行的有价债券为对象进行的信用评级。债券信用评级的对象主要是企业（公司）债券，主要是针对具有独立法人资格的企业发行的某种债券按期还本付息的可靠程度进行评估，同时表示出这种债券的信用程度等级。因为有政府作为保障，国家发行的国

库券和国家银行发行的金融债券并不参与债券信用评级,但大多数地方政府或其他金融机构发行的债券则多会进行信用程度评级。

由于债券投资者会受到时间、知识等方面内容的限制,很难通过分析从众多不同种类的债券中选择出信用程度较高的债券来,所以通过债券信用评级能够清楚地了解到债券发行者到期还本付息的可靠程度,从而减少信用风险的出现,做出更加明智的债券投资决策来。

在另一方面,债券信用评级还能够起到调节债券市场的作用。债券发行方发行债券的目的是为了筹措资金,如果不考虑其他因素的话,利率越高的债券越容易获得投资者的青睐。而将债券信用等级这一因素引入到债券市场之后,那些信用程度较高的债券发行者就可以降低债券发行的利率,这样一来,其筹集资本的成本也会大为减少。信用程度较低的发行者想要更好地筹措成本,就需要以较高的利率发行债券。

目前在国际上公认的最具权威性的信用评级机构主要有美国标准·普尔公司和穆迪投资服务公司。这两家公司拥有详尽的信息资料、先进的科学技术以及丰富的实践经验,因此才能做出具有权威性的信用评级来,并获得世界的认可。

虽然两家评级机构的信用等级划分略有不同,但对于大多数投资者来说,只要弄清楚下面四个债券信用等级就足够了。

A级债券:这是最高级别的债券,受经济形势的影响程度小,本金和收益的安全性也最大。相对来说,这些债券的收益水平也较低,债券发行者筹集资金的成本也比较低。A级债券又被称为信誉良好的"金边债券",对于那些比较注重利息收入的投资者来说是一个不错选择。

B级债券:没有A级债券那么高的安全性和稳定性,B级债券会受到市场中不稳定因素的影响,经济形势的变化也将影响到这类债券的价值。但

相对来说这类债券的收益水平较高，债券发行者筹集资金的成本也相对较高。

B级债券虽然在安全性上不如A级债券，但在收益方面却要高于A级债券。对于那些有一定债券投资能力的投资者来说，购买B级债券虽然会承担一定的风险，但同时也能够获得较高的收益。B级债券在市场中也同样受到投资者的欢迎。

C级和D级债券：这些类型的债券安全性和稳定性很低，并不适合大多数投资者，但对于那些敢于承担风险，进行投机或赌博性投资的投资者来说，这类债券更容易获得巨大收益。

相较于国外债券市场，中国债券市场在债券信用评级方面还存在着很多不足之处，随着中国金融市场的发展，相关法律法规也在不断健全。投资者在进行债券投资之前，可以根据不同的债券信用等级做出更好的投资决策，以降低债券投资的风险。

5.2 如何进行债券投资

债券的类型纷繁复杂，不同的债券因为特征不同，具体的投资方法也存在不同。对于投资者来说，首先应了解债券的普遍特征，再针对不同债券去细细研究，选出自己适合的债券之后再进行投资，才能够提高债券投资的成功率。

5.2.1 先读懂债券再进行投资

想要进行债券投资，首先应读懂债券的内容，这里所说的内容除了

指债券票面上的内容外,还包括隐藏在债券背后的内容。只有将这些内容全部融会贯通,才能够保证债券投资的顺利进行。读懂债券虽然没有办法帮助投资者瞬间获得投资收益,但却可以确保投资者债券投资的安全和稳定。

在债券投资之中,以下几个概念是投资者必须关注的重要内容——

票面价值:债券的票面价值主要是指债券的币种和票面金额,同时也代表着发行者对债券持有人在债券到期后应当偿还的本金数额。在计算按期付息时,也需要以发行时所设定的票面金额作为依据。

债券的币种主要依据债券发行主体的实际需要和债券发行对象来确定。如果发行主体筹集的资金是人民币,并且主要面向境内投资者发行,则会选择人民币作为债券币种。如果发行主体需要筹集国外货币,发行的对象也是境外投资者,则通常以债券发行地所在国家或地区的货币,或者是国际上通用的货币作为债券币种。

债券的票面金额如果较小,则适合大多数持有者购买。但对于债券发行者来说,这将会增加筹措资金的成本。如果债券的票面金额比较大,大多数投资者就无法进行购买了,虽然这样做可以降低债券发行方的资金筹集成本,但相对来说只有少数投资者能够进行购买。所以,在确定债券票面金额的时候,需要综合考虑各方面因素。

票面利率:票面利率又被称为息票利率、约定利率,也就是债券发行人需要支付的约定利率。票面利率一般以年利率的形式表示,与债券规定的付息期限无关。票面利率是指投资者能够将款项存至规定期限,如果没有存到规定期限,就需要按照财政部门规定的存期利率计算利息。

债券的票面利率越低,就意味着债券价格发生变动的可能性越大。当市场利率上升时,票面利率较低债券的价格下降得也较快。而同样,当市

场利率下降的时候,这种债券价格上升得也较快。

付息方式:付息方式是指在债券的有效期内,债务人可以按照一定的时间间隔分次向债权人支付利息的方式。一般来说,债券的付息方式可以分为一次性付息和分期付息两种。大多数中长期债券会采用分期付息的方式,而其他短期债券则会采用一次性付息的方式。

偿还方式:债券的偿还方式往往会在债券上标明,可以分为期满后偿还、期中偿还和延期偿还。如果按照偿还形式的不同,还可以分为以货币偿还、以债券偿还和以股票偿还等。偿还方式的不同将会影响到债券的收益,同时也会为债券投资带来一定的风险,投资者在进行投资之前一定要根据自己的实际情况谨慎做出选择。

偿还期限:债券偿还期限是指从发行之日起到还清本息之日止的时间。债券按照偿还期限主要可以分为三种,前面章节中已经有过介绍,在这里就不再详细描述了。债券偿还期限的长短主要由债券的发行方根据自身筹集资金的目的和使用期限来确定,投资者在进行债券投资的时候也需要根据自己的实际情况选择可以接受的偿还期限的债券。

5.2.2 债券的发行与交易

债券市场主要分为发行市场和交易市场两个部分。债券的发行市场主要由发行者、认购者和委托承销机构组成。发行者主要是具备发行资格的国家、机构、企业或其他法人。认购者则主要为社会公众或其他机构单位。委托承销机构机构则是投资银行、证券公司等代替发行人办理债券发行和销售的业务的中介机构。

国债在发行上主要可以分为直接发行和间接发行,其中,间接发行又

可以分为代销、承购包销、招标发行和拍卖发行等几种方式。

直接发行的国债数额一般并不大，是财政部直接将国债券定向发行给特定的机构投资者的一种推销方式。由于国债的发行数额往往都很大，仅仅依靠直接发行存在一定难度，所以国债的发行更多地以间接发行为主。

代销作为间接发行的一种方式，主要是指由国债发行主体委托代销者代为向社会出售债券。这种方式可以扩大债券销售的发行面，但因为代销者往往依靠特定条件进行推销，没有销售量上的要求，同时也不需要承担任何风险和责任，所以代销方式在效率与完成效果上还存在较多问题。

而承购包销则是指大宗机构投资者组成承购包销团，以一定条件向财政部承购包销国债，同时负责国债的市场销售。相较于代销方式，承购包销中的承销者如果在债券期限到期前没有全部售出手中的债券，那没有售出的余额也要由承销者包购。

公开招标的发行方式是指由财政部发起，向大宗机构投资者招标，中标者即为国债的认购者，中标者可以选择继续向社会销售国债，也可以持有国债。

拍卖发行则是在拍卖市场上，按照一定的拍卖方式和程序，由发行主体主持，公开向投资者拍卖国债的一种方式。在这里，国债的发行价格和利率将会完全由市场决定，这也是大多数西方发达国家采用的国债发行方式。

对于投资者来说，了解债券的交易方式要比了解债券的发行方式重要得多。债券交易市场可以分为场内交易市场和场外交易市场。场内市场主要以证券交易所为主体，无论是机构和个人都可以参与其中。而银行之间的市场和柜台市场则属于债券交易的场外市场，银行间市场的交易者多为机构投资者，柜台市场的交易者则更多是个人投资者。

证券交易所是专门进行证券买卖的场所。在证券交易所内形成的买卖债券的市场就是场内交易市场，交易所作为债券交易的组织者，主要起到提供服务和监管的作用，并不参加债券的买卖和定价。

许多证券经营机构都设有专门的证券柜台。在这里，投资者可以进行债券的买卖。不同于在证券交易所之中买卖债券，在柜台交易市场中，证券经营机构既是组织者又是交易的参与者。

在柜台交易市场中，投资者在银行柜台只能购买凭证式国债，这种国债只面向个人投资者发售，并不具有流动性，投资者可以在债券到期后获得票面利息收入。投资者在购买这种凭证式国债时需要提供自己的有效身份证件，同时在银行柜台办理开户。

5.2.3 债券交易流程

前面提到债券交易场所主要分为场内交易场所和场外交易场所，而在不同的场所中进行债券交易需要经历的流程也是各不相同的。相比较来说，场内交易在程序的规范性上要比场外交易严格，在具体步骤上，投资者进行场内交易需要经历以下五个方面：

（1）开户

在进行债券投资之前，投资者需要首先选择一家可以信赖的证券经纪公司办理开户手续。在开户过程中，投资者需要首先与证券经纪公司签订开户合同，其中包括投资人的真实个人信息以及合同的有效期限，同时还要明确投资人和证券公司之间的权利及义务。

签订完开户合同之后就可以开立账户了。上海证券交易所允许开设现金账户和证券账户，由于投资者不仅需要进行债券买入业务，同时也需要

进行债券卖出业务，所以需要同时开立现金账户和证券账户。

（2）委托

投资者在成功开立账户之后想要进行债券投资，还需要与证券公司办理证券交易委托关系，这是证券交易的必要程序。

当确立了委托关系之后，投资者就可以向证券公司发起委托了。投资者可以通过电话或口头告知的方式向证券公司发出委托，证券公司在接到委托之后将会按照投资者的委托指令填写"委托单"。"委托单"中记载着投资者想要交易的债券种类、价格、数量、开户类型等内容，在完成"委托单"之后，由证券公司在交易所中的驻场人员负责执行委托。

买进委托和卖出委托只是投资者众多"委托"中的一类，其他的"委托"还包括当日委托和多日委托、停止损失委托和授权委托、整数委托和零数委托、随行就市委托和限价委托等。

（3）成交

在进行完委托环节之后，证券公司在证券交易所的驻场人员将会迅速执行委托的内容，从而完成投资者委托的债券交易。

只有当债券买卖双方在价格和数量上达成一致时，债券交易才能够成交。在这个过程中必须要遵循一种竞争的原则。这种竞争原则包括三方面内容，即价格优先、时间优先和客户委托优先。

价格优先是指证券公司必须按照交易最有利于投资委托人的利益的价格对债券进行买入和卖出。时间优先则是指在相同的价格申报时，需要与最早提出该价格的一方成交。客户委托优先则是指证券公司在自营买卖和代理买卖之间必须先要进行代理买卖。

（4）清算和交割

债券的清算是指同一证券公司在同一交割日对同一种国债券的买和卖

相互抵消，从而确定出应当交割的债券数量和应当交割的价款数额，最后按照"净额交收"的原则办理债券和价款的交割。

债券的交割则是将债券从卖方处交给买方，将价款从买方处交给卖方的过程。根据不同的交割日期，债券的交割又可以分为当日交割、普通日交割和约定日交割。

（5）过户

待完成了债券的清算和交割手续后，就步入了债券交易的最后一步——过户。过户是将债券的所有权从一个所有者的名下转移到另一个所有者的名下的过程。

首先，原债券持有人在完成清算交割后需要填写过户通知书，加盖印章后送到证券公司的过户机构处。

然后，新的债券持有人在完成清算交割后需要前往证券公司索要印章卡，同样加盖印章后送到证券公司的过户机构处。

最后，证券公司的过户机构将收到的债券、过户通知书、印章卡加以审核，审核无误之后，注销原债券持有人账户上相同数量的对应债券，同时在新债券持有人账户上增加相同数量的同种债券。注销原债券持有人债券的同时在其现金账户上增加相应的价款金额，在新债券持有人的现金账户上则需要扣除价款。

场外债券交易主要包括自营买卖债券和代理买卖债券两种。自营买卖债券由投资者作为债券交易的一方，证券公司则作为债券交易的另一方，交易价格则由证券公司自己挂牌。代理买卖债券则是指投资者个人委托证券公司代其买卖债券，证券公司并不直接参与到债券买卖之中，而只是充当一个中介。交易的价格由委托买卖双方分别挂牌，以双方的一致意见为准。

5.3 债券投资技巧

债券投资收益稳定,但想要获得高额回报则需要掌握一些投资技巧。相较于基金、股票等投资方式,债券投资存在着一定的复杂性。国债基本可以看作是一种"无风险"投资,但这并不意味着任何人都可以投资国债,对于那些缺少相应知识储备的投资者来说,国债投资的大门并不好进。

债券投资与其他投资方式一样存在着各种各样风险,投资者只有全面了解到债券投资的方式方法才能避免因为操作失误而导致的经济损失。

5.3.1 国债投资策略

在众多类型的债券中,国债因为"收益高、风险小"的特性得到了广大投资者的青睐。随着债券市场的不断发展,经过了长时间经验的积累,国债投资已经形成一些专业的投资策略和技巧。了解这些投资技巧,对于想要进行国债投资的投资者来说是十分必要的。

在进行国债投资之前,投资者需要首先认清自己属于何种类型的投资者,是喜欢积极的投资风格,还是喜欢消极的投资风格。拥有积极投资风格的投资者往往有足够的时间和精力来管理自己的资金,而拥有消极投资风格的投资者则只愿意花费较少的时间及精力去管理自己的投资。

投资者应当根据自己的投资风格来选择对应的投资策略,这样才能使债券投资的收益性、安全性与流动性完美结合。下面主要列举几种适合不同风格投资者的投资策略,投资者可以根据自己的实际情况和喜好进行选

择。

适用于积极型风格投资者的投资策略——

利率预测法：这种投资策略要求投资者具有丰富的国债投资知识储备，还要经历较长时间的市场磨练，同时也要付出较多交易成本。市场利率的波动性也为这种投资策略提供了发挥的空间。

正确预测利率变化的方向和幅度是利率预测法成功的关键，投资者只有正确预测出利率的未来走向，才能够提前调整自己所持有的债券种类和数量。利率的变化除了受到整体经济状况的影响外，同时还会受到通货膨胀率变化、货币政策调整、汇率变化和其他外部因素的影响，投资者想要正确预测利率变化就要综合考虑各方面的影响因素。

等级投资计划法：相比于利率预测法的高难度，等级投资计划法要简单很多。这种方法要求投资者事先按照一个固定的计算方法和公司计算出买入与卖出国债的价位，然后根据计算的结果来按照"低进高出"的原则进行操作。

当投资者将一种国债作为投资对象后，就要将国债变动的一定幅度作为等级。每当国债的价格下降一个等级时，投资者就买入一定数量的国债。而当国债价格上升一个等级的时候，就卖出一定数量的国债。在国债价格处于不断波动周期时这种方法更为适用，但投资者还是应当根据自身的经济实力和风险承受能力来做出决策。

逐次等额买进摊平法：这种投资策略与基金定投有一定的相似之处，当投资者无法准确预测国债价格波动的拐点时可以采用这种投资策略。

投资者在确定了投资某种国债后，选择一个合适的时期，定量定期地购买国债，而不去考虑整个过程中国债的价格是否有波动。使用这种投资方法要严格控制资金投入的数量，保证定量定期逐次购买。

小林在2002年购买了5年期国债,他并没有选择一次性购买,而是分成5次,每次只购买100张国债。在第一次购入时,国债价格为120元。在第二次购入时,国债价格上涨了5元。到了第三次购入时,国债的价格又下降到122元。第四次购入的价格是126元,第五次购入的价格是130元。

在完成了5次购买之后,小林计算出购买国债的平均成本是124.6元,而这时的国债价格已经上涨到了135元。如果这时小林卖出手中的国债,他将会获得(135-124.6)×500=5200元。

小林正是利用逐次等额买进摊平法降低了购买国债的成本,然后在国债价格上涨的过程中获得了高额的利润回报。

适用于消极型风格投资者的投资策略——

简单持有法:这种投资方法就是指投资者根据自己的喜好来购买足够多的债券,并且一直持有到兑付之日,其间不进行任何买卖交易。

这可以说是最为"消极"的一种投资方法了,虽然看上去"简单粗暴",但由于债券的到期还本付息特性,投资者依然可以获得一定的收益回报。这种投资方法更适用于刚刚进入到债券市场,缺乏债券投资的相应知识的投资者。

当然,这种投资策略缺少对市场行情的考量,很容易受到市场行情波动的影响。如果在市场利率上升的时候投资者没有及时卖出手中的低收益债券,就很容易遭到损失。

梯形投资法:这种投资方法又被称为等期投资法,是指每隔一段时间在国债发行市场认购一批相同期限的债券,往复不断,这样投资者便可以在后期不间断地获得本息收入了。

这种投资方法能够大大提高债券投资的流动性,降低债券交易成本,同时也能保证投资在后续时间中持续获得本金和利息。

三角投资法：这种投资策略主要利用国债投资的期限不同所获得本息也不同的原理，能够保证投资者在到期时收到预定的本息和。

这种投资方法在不同时期进行的国债投资的期限是递减的，能够保证投资者获得较稳定的收益，同时还能够促使资金变现用于其他投资。

5.3.2 债券投资风险

任何一种投资方式都存在风险，投资者只有提前了解到投资过程中可能发生的各种风险才能让自己在投资过程中免遭损失。虽然债券投资的风险要小于股票投资，但投资者在进行债券投资的过程中依然会面对众多投资风险。

每一种投资方式的风险在表现形式上都会有所不同，在前面的章节中我们已经了解了股票和基金投资所面临的风险，在这一小节中我们就来了解一下债券投资中存在的各种风险。

（1）利率风险

这是指由于市场利率的变动使得投资者遭受损失的一种风险。利率作为影响债券价格的重要因素，它的一举一动都牵动着投资者的心。债券的价格会随着利率的变化而变化，当利率提高时，债券价格将会降低；当利率下降时，债券的价格则会出现上升。

分散投资是避免利率风险的一个重要手段，投资者适当配置短期、中期、长期债券的比例，可以很好地降低利率变化对于最终收益的影响。

（2）违约风险

这主要是指债券发行方不能够按时支付债券利息和偿还本金，从而给

债券投资者带来损失的一种风险。除了由财政部发行的国债外,其他类型的债券都存在着或大或小的违约风险,这是投资者必须要明确的一点。一种债券的违约风险越高,其收益也会相对较高,这也就是"高风险、高收益"。

购买高信用等级的国债可以最大程度地避免违约风险,想要追求高收益的投资者在选择具有违约风险的债券时一定要注意仔细了解债券发行机构的经营业绩及信誉。已经购买了高违约风险债券的投资者也应当经常了解债券发行机构的运营状况,从而提前做好售出准备。

(3)通货膨胀风险

这是指由通货膨胀现象出现为投资者带来的一种风险,其具体表现为货币购买力的下降。在通货膨胀出现之后,投资者进行债券投资的实际利率应当是票面的利率减去通货膨胀率。

应对通货膨胀风险,同样需要采用分散投资的方法。适当将资金投入到高风险、高收益的债券上,从而使通货膨胀带来的购买力下降风险能够被高收益所弥补。这种方式会增加投资的风险性,但对应对通货膨胀也具有积极效果。

(4)流动性风险

这是指投资者没有办法在短期内以合理的价格卖掉手中债券从而引发的一种风险。在证券市场上,债券的种类多种多样,并不是每一种债券都会受到市场的哄抢。那些热销的债券流动性普遍较强,而一些冷门债券则很长时间都没人购买,缺乏流动性。投资者如果手中持有大量冷门债券,同时又急于变现,那就只能以降低价格的方式抛售手中的债券了。

投资者应当根据自身的实际情况选择相应的债券类型,而不要将资金一次性投入到某一种债券之中,以免在自己需要资金的时候没有办法及时

变现手中的债券。同时，选择热销债券进行投资也能够避免出现流动性风险。

（5）再投资风险

这是指投资者在出售短期债券回收现金时，当利率低于一定程度时就容易出现再投资风险。投资者为了实现购买债券时所确定的收益相等的收益，临时的现金流就必须按照等于买入债券时确定的收益率进行再投资。如果此时利率出现下降的情况，则很容易导致临时现金流获得的利息降低。

防范再投资风险的措施与防范利率风险相类似，都是进行不同期限债券的组合购买，从而达到防风险的目的。

第六篇

信 托

6.1 什么是信托投资

信托就是信用委托，是一种建立在信任基础上的财产管理制度。其是指接受他人信任与委托，代为经营管理财务或者代办事务，从而为指定的人谋求利益的一种经济行为。

信托可以分为两个大的类别，一是贸易信托，二是金融信托。以商品物资交易作为经营对象的商业性信托被称为贸易信托，以营运货币资金作为只要手段，以融通资财为主要内容的金融性信托则被称为金融信托。在本章节中，我们所讲到的信托投资即为金融信托，其是由银行的专设部门或者非银行的金融企业经营的一种金融领域的信用业务。

6.1.1 信托投资的职能

早在公元前2584年,古代埃及就有人开始设立遗嘱,要求其妻子继承自己的遗产,并且为子女指定了监护人,这可以说是较为原始的一种信托行为。罗马法典中曾记载了"信托遗赠"的相关内容,其是指财产的所有者以遗嘱指定一个具有法定资格的继承人,通过让这个人先继承自己的财产,再由这个人把遗产转给自己心目中想要赠与的人。

这种"信托遗赠"传入英国之后,转变为"尤斯"制度,也就是第三者领有财产权并且代其管理产业。到了16世纪左右,便开始出现了近代信托业务。

在现今社会,大型的财阀家族都拥有自己的律师和会计师,同时也有自己的信托机构。洛克菲勒家族便依托于自己的信托公司来打理家族的私人财产。约翰·洛克菲勒的遗产正是通过信托的方式传承给了自己的后代,到了他儿子那一代,洛克菲勒家族已经设立了五个信托。

随着经济的发展,信托投资作为一种新的投资方式开始出现。信托投资主要是指金融信托投资机构用自有资金及组织的资金进行的投资,以投资者的身份直接参与对企业的投资是现今我国信托投资公司的一项主要业务。

信托投资不同于银行信贷,其不仅可以起到财产事务管理的职能,同时还能起到资财融通和沟通、协调经济关系的职能。

财产事务管理职能是指金融信托投资机构受信托人的委托,为之经营管理或处理财产的职能。资财融通职能则是指其可以作为中介人,为经济建设筹集闲散资金,同时对需要资财的企业给予融通和调剂。沟通和协调经济关系的职能则是指信托投资可以处理并协调经济关系,同时也能够提

供信任和咨询经济事务的职能。

6.1.2 信托的分类

与其他投资方式相类似,信托投资按照不同的标准也可以划分为不同的类别。

(1)按照信托的目的,信托可以划分为民事信托和商事信托。

民事信托是依据民法而建立的信托,也就是属于民法范围内的信托。商事信托则以商法为依据建立,属于商法范围内的信托,与民事信托相对称。

(2)按照委托人的主体地位不同,信托可以分为个人信托、法人信托、个人与法人通用信托和共同信托。

个人信托以个人为服务对象。法人信托则以盈利法人团体、公益法人团体等组织体为对象。共同信托由几个人共同提出,委托人是多个人。而委托人既包括个人又包括法人的信托业务则被称为个人与法人通用信托。

(3)按照收益对象不同,可以分为私益信托和公益信托。

从信托目的的角度也能够区分私益信托和公益信托。私益信托是委托人为自己、亲属、朋友或者特定个人的利益而设立的信托,私益信托是信托业务中的主要部分。委托人为了不特定的社会公众的利益而设立的信托则是公益信托,公益信托没有确定的受益人,必须要以社会公众或一定范围内的社会公众作为受益人,同时还要得到税务机关或公益事业管理机构的批准认可。

(4)按照委托人和受托人的关系,信托可以分为自益信托、他益信托和宣示信托。

自益信托是指委托人将自己作为唯一受益人而设立的信托。自益信托只能是私益信托。委托人在设定信托时，将第三者作为受益人的信托业务是他益信托。宣示信托是指财产所有人以宣布自己作为该项财产受托人的方式来设定的信托，这种信托的财产并不转移，但需要与原有财产分别进行保管。

（5）按照信托关系建立的法律依据不同，信托可以分为任意信托、推定信托和法定信托。

任意信托的成立完全以各方当事人的自由意思表示为依据，并不受到外力的干预，同时需要明确签订在有关信托文件之中。依照法律规定来推测当事人的意思所发生的信托叫作法定信托，这种信托需要由司法机关确定其法律效力。

（6）按照信托内容的不同，信托可以分为资金信托和财产信托。

资金信托是委托人出于对信托投资公司的信任，将自己合法拥有的资金委托给信托投资公司，信托投资公司再按照委托人的意愿用自己的名义来为受益人的利益或特定目的来使用资金的一种行为。

财产委托指的是委托人将自己的动产、不动产或是知识产权等非货币形式的财产、财产权委托给信托投资公司，信托投资公司再按照事先约定的条件和目的管理与使用财产的行为。

我们所要介绍的信托投资的内容主要就围绕资金信托和财产信托展开。由于信托投资在中国市场还并未普及，对于新手投资者来说，了解信托投资的基本内容是进行信托投资的基础。中国信托投资市场还没有完全形成，提前了解信托市场的发展趋势也能够更好地帮助投资者开展信托投资活动。

6.1.3 信托投资的方式

信托投资是指金融信托投资机构利用自有资金和组织的基金进行的一种投资。常见的信托投资方式主要有两种，一种是参与经营的方式，一种则是合作方式。

参与经营的方式又被称为股权式投资，信托投资机构委派代表参与对投资企业的领导和经营管理，同时按照投资比例来分得利润或是承担亏损责任。

合作方式又被称为契约式投资。相比于参与经营方式，这种方式只进行资金投入，而不参与企业的经营管理。其中，信托投资机构投资后按照约定的比例，在一定的年限中分得投资的收益。到达期限之后，信托投资机构可以选择继续投资，或者是出让股权并收回所投资金。

在具体的投资方式上，金融信托投资机构在对生产企业和金融性公司进行投资时常会采用以下四种投资方式——

固定分红投资：这种投资方式需要投资者在进行投资时，事先商定在一定时间内固定的利润分成数额。

保息分红投资：这种投资方式则需要在投资时，事先商定由合资企业在投资期间按照信托投资公司所投资金额定期支付利息。

长期合作投资：这种投资方式并不需要事先与合作者商定投资回收的日期，由于与投资企业展开长期合作，只要投资的企业生产经营正常，这种合作关系就会一直持续下去。投资者则可以从长期合作中获得收益。

定期合作投资：与长期合作投资不同，定期合作投资需要在投资时事先商定好投资期限，在合作投资期间，投资将会按照固定的投资比例获得经营收益，同时也需要共同承担一定的经营风险。

6.2 信托投资技巧

在前面的小节中我们主要介绍了信托的一些基本特征。对于投资者来说,掌握这些基础的信托知识能够为个人的信托投资提供一定帮助及支持。信托投资与其他投资方式存在着很多相似之处,投资者在进行投资时可以衡量这些相似之处,对投资行为进行合理规划。

如果想要在信托投资中获得成功,除了要掌握其与其他投资方式的不同,更要仔细研究信托投资独有的方法技巧。为了让投资者在信托投资之中少走弯路,下面将为投资者介绍一些信托投资的方法和技巧。

6.2.1 个人信托投资流程

想要进行信托投资就首先要搞清楚信托投资的流程。信托投资的主体可以是机构,也可以是个人,不同的投资主体在进行投资时所需要经历的流程也是各不相同的。下面主要从个人投资者的角度来介绍一下信托投资的主要流程。

衡量自身的财力水平

无论进行何种投资,衡量自己的财力水平都是重要的前提。在进行投资之前,根据自己的资产能力确定投资额度十分必要。不同于其他投资方式,信托投资存在着一定的"投资门槛",市场上的大多数信托产品都要求100万元的最低投资金额。同时根据法律的规定,每个信托产品中100到300万元的小额投资者不能超过50人,这也在一定程度上限制了资金较少的投资者进入市场。

在特定的信托产品投资之中,还需要具备一些其他条件。由于信托投资的投资金额较大,投资者在进行投资时所需要承担的风险也较大。

选择相应的信托产品

在确定了自身的资产能力之后,选择合适的信托产品便是信托投资的第二阶段。在选择信托产品的时候,投资者需要摒弃"获利优先"的投资心理。在面对复杂的投资产品时,应始终牢记高收益与高风险并存的投资原则。

不同的信托投资公司推出的信托产品也是各有不同的,投资者可以根据自己的喜好和实际情况进行投资选择。信托投资公司推出的不同信托产品所指向的投资方向也有所不同,例如房地产信托产品所指向的就是房地产行业、股权投资信托产品所指向的就是企业的股权。

不同的信托产品在收益和风险上也会有所不同,但整体上都会遵循高风险、高收益的原则。

明确信托投资期限

一般来说,现阶段信托产品的投资年限在1—3年左右,这是《信托公司集合资金信托计划管理办法》所规定的。信托投资在产品的存续期间不能够进行赎回操作,所以投资者在进行信托投资前应根据自己的需要规划好自己的信托投资期限。

随着信托业的不断发展,现在的一些信托公司也在进行短期信托产品的尝试,投资者在进行投资之前可以先仔细了解一下信托公司的全部信托产品,然后根据自己的实际情况进行选择。

认识信托投资风险

信托投资由于投资额度较大,遭遇投资风险时对投资者造成的损失也是非常大的。所以,在进行信托投资的时候,投资者一定要认识到信托投

资的风险,并采取一定的措施对这些风险加以规避。

选择正规的信托投资机构可以降低信托投资的风险,随着互联网对各行各业的逐渐渗透,投资者可以轻松通过网络进行信托投资。但网络上的信息良莠不齐,不了解信托行业的投资者很容易被网络上的虚假信息所欺骗。所以,投资者在选择信托产品之前一定要选择正规的信托投资机构,仔细核查该机构的各项信息,在此基础上再进行后续的投资。

选择了正规的信托投资机构之后,投资者还需要仔细对该机构的各类信托投资产品进行筛选。即使是正规的信托投资机构,其信托产品也是参差不齐的,选择自己所了解的信托产品、仔细研究信托产品的详细信息才能够降低信托投资的风险。

6.2.2 信托投资风险防控

任何一种理财产品都存在风险,由于信托投资的投资金额较大,同时在产品存续期间还不能赎回,所以其风险对于投资者来说也就更加严重一些。虽然信托行业存在着"刚性兑付"的说法,但实际上我国的法律法规中并没有明确规定信托公司必须要进行刚性兑付,所以信托产品仍然存在着无法全额兑付的风险。

2017年11月17日,中国人民银行、银监会、证监会、保监会、外汇局等部门联合起草的《关于规范金融机构资产管理业务的指导意见(征求意见稿)》公布。指导意见中明确提出要打破刚兑,并首次对刚性兑付做出了认定。

刚性兑付,简单来说就是金融机构对其所发行的资管产品采取的兜底行为,这在信托领域非常常见。根据指导意见的规定,刚性兑付的认定方

式主要包括发行时违反公允价值确定净值原则承诺保本保收益、采取滚动发行实现保本保收益、自筹资金或委托其他金融机构代付,以及人民银行和金融监管部门共同认定的刚兑情形,这些要求基本上囊括了目前金融机构实现刚兑的主要手段。

刚性兑付始终都是信托投资风险防控的利器,一旦刚性兑付被打破,信托投资的不确定性将会大幅度增加,随着安全性的降低,其对投资者的吸引力也会有所减弱。刚性兑付的打破也就意味着投资者进行信托投资时,必须要找到其他防控风险的措施,以保障自身的资金安全。

在信托市场之中,不同信托产品的具体风险防控措施也有所不同,一般来说,信托产品的风险防控措施主要有抵押、质押、担保和结构化设计等几种。部分信托产品采取一种风控措施,而大多数信托产品则采取多种风控措施并举的方式。

抵押或质押:这是指融资方在融资前将自己的动产和不动产抵押或质押给信托公司,如果融资方没有办法按照约定的期限到期支付信托产品的本金和利息的话,信托公司需要通过拍卖抵押或质押物品的方式来筹集资金,保障信托产品投资者获得应有的收益。

在房地产信托中,实物抵押较为常见,房地产公司会将手头上的地皮或是已经建好的楼盘、商铺拿来作抵押。为了保障信托产品的安全,有的融资方也会进行股票质押,有的融资方则会把股权100%质押给信托公司。

担保:对于那些没有抵押或者抵押率较高的融资方,信托公司会要求其对信托财产提供相应的担保,其中包括担保公司担保、第三方担保和公司法人无限连带担保等。

第三方担保主要分为公司担保和个人担保两种情况。在公司担保中则还包括第三方公司担保和担保公司担保两类。相对来说,担保公司来进行担保的风险会相对较小。在选择担保公司时，AA级担保公司和国有控股的担保公司可信度更高。

第三方公司担保则需要考察担保公司的实力情况，上市公司的财务状况较为透明，自身的实力也要高出一般公司。相比于公司担保，个人担保在可信度上相对低一些。

结构化设计：结构化设计是指将信托收益权进行分层配置，那些购买到优先级的投资者可以享有优先受益权，而购买到次级或者劣后级的投资者则享有劣后收益权。

固定收益类的信托产品，劣后级投资往往有融资方投资，在信托期满之后，在优先保证优先级受益人投资收益之后，本金、预期收益等相关费用的余额将全部归劣后级受益人所有。当然，如果投资出现风险，没有办法足额对付收益，也将会优先分配优先级受益人的投资收益，劣后级投资者则可能会承担一定的投资损失。

近年来，信托投资在我国开始呈现出较为火热的趋势，但相比于其他投资理财方式，信托投资仍然属于小众范畴。信托投资的高门槛让大多数投资者望而却步，随着刚性兑付的逐渐破除，信托投资的风险也会逐步增加。当然，高收益往往与高风险相伴，投资者在进行信托投资之前一定要认真了解信托产品的风险及相应的防控措施，在保证本金安全的基础上再去最大化地追求投资收益。

第七篇 保 险

7.1 有保险才"保险"

我国保险法中对保险做了明确的定义："本法所称保险，是指投保人根据合同约定，向保险人支付保险费，保险人对于合同约定的可能发生的事故因其发生所造成的财产损失承担赔偿保险金的责任，或者当被保险人死亡、伤残、疾病或者达到合同约定的年龄、期限时承担给付保险金责任的商业保险行为。"

投资保险并没有办法避免危害事件的发生，但投资保险却能够起到转移风险、补偿损失的作用。相比于其他类型的投资方式，保险投资的对象更为独特，人的一生将会遇到许多难以预测的祸患，保险投资就是针对这些祸患进行的一种防范措施。

7.1.1 保险的类别

从法律的角度来说,保险是一种法律上的合同行为,双方通过签订保险合同来明确各自的权利和义务,被保险人有缴纳保费的义务,同时也获得了获取保险合同规定的赔偿的权利,保险人则拥有收取保费的权利,同时也需要向被保险人提供赔偿的义务。

按照不同的划分标准,保险可以分为不同的类别,投资者可以根据自己的个人需求来选择相应的保险。相比于其他投资理财方式更加看重收益这一点来说,投资者在进行保险理财时会更加看重保险的内容。

(1)按照保险对象的不同,保险可以分为人身保险、财产保险、责任保险和信用保险。

人身保险:人身保险的保险标的是人的寿命和身体,其以人的生存、年老、伤残、疾病和死亡等人身风险为保险事故。人身保险主要包括人寿保险、人身意外、伤害保险和健康保险等。

财产保险:与人身保险相对,财产保险主要是以物质财产和与其有关的利益、责任和信用作为表现标的。这里所说的财产可以分为有形财产和无形财产两种,有形财产是指厂房、机械等设备工具,无形财产则是指利益、责任、信用等。

从广义的角度来看,财产保险主要包括财产损失保险、责任保险和信用保险。从狭义的角度来看,财产保险则包括火灾保险、海上保险、汽车保险、航空保险等以有形的物质财富和与其相关的利益作为保险标的保险。

责任保险:责任保险的保险对象是被保险人的民事损害赔偿责任。每个人都可能会在工作生活中因为自己的过失而对其他人造成损害,投保了

责任保险之后,被保险人需要按照法律或契约对受害人承担的经济赔偿责任,都可以由保险公司负责赔偿。

信用保险:信用保险的保险对象是订立合同的一方要求保险人承担合同的对方的信用风险。

(2)按照保险的实施方式的不同,保险可以分为强制保险、自愿保险、商业保险和社会保险。

强制保险:强制保险主要通过立法规定强制实行,在应用范围上要广于法定保险。一般来说,法定保险只是强制保险的一种主要形式。

自愿保险:自愿保险与强制保险相对,是由投保人根据自己的实际需要自主决定是否投保、投保什么险种。自愿保险是在双方自愿的前提下签订的保险。

商业保险:又被称为金融保险,是以赢利为目的,按照商业原则来进行的保险。投保人根据合同规定向保险人支付保费,保险人根据合同内容对可能发生的事故造成被保险人的财产损失承担赔偿责任。根据不同的保险内容,商业保险在给付保险金方面也多有不同。

社会保险:又被称为"社保",由国家强制实行,个人、单位和国家共同出资建立保险基金,如果个人因为年老、失业、工伤、生育等原因丧失或暂时失去劳动能力,保险单位需要给予本人或其直系亲属一定的物质补偿。社会保险主要分为养老保险、工伤保险、事业保险、医疗保险、生育保险等险种。

(3)按照投保方式的不同,保险可以分为原保险、再保险、共同保险和重复保险。

原保险:主要通过保险人和投保人之间直接签订保险合同来建立保险关系。

共同保险：顾名思义，这是由几个保险人联合在一起，直接承保同一保险标的、同一风险、同一保险利益的保险。其中，所有保险人承保金额的综合与保险标的的保险价值相等。这是保险人对原始风险的横向转嫁，也就是风险的第一次转嫁。

再保险：再保险可以将保险人承保的风险和责任的一部分或全部转移给其他保险人，这是一种对于原始风险的纵向转嫁，也就是第二次风险转嫁。

重复保险：是投保人以同一保险标的、同一保险事故、同一保险利益分别与两个或更多保险人订立保险合同的保险。

（4）按照承保风险的不同，保险可以分为单一风险保险和综合风险保险。

单一风险保险：是指仅对某一可保风险提供保险保障的保险。

综合风险保险：是指对两种或多种可保风险提供保险保障的保险。这种综合保险的常见形式是基本险外加附加险，我国现阶段的保险多以这种综合性保险为主。

7.1.2 社会保险与商业保险

在前面的章节中我们认识了社会保险和商业保险，二者是按照保险的不同实施方式来进行划分的。在我国，社会保险是由政府部门以政府财政资金来做担保的，主要是国家为了预防各种社会风险、实现社会安全，而强制大多数社会成员参与的一种保险，主要包括养老保险、失业保险、工伤保险、生育保险和医疗保险。

养老保险是指劳动者在达到法定退休年龄之后，从政府和社会获得一

定的经济补偿和物质帮助的一项社会保险制度。在我国，实行企业化管理的事业单位及其职工，国有企业、集体企业、外资企业、私营企业及其职工都必须参加基本养老保险。

医疗保险是指城镇职工基本医疗保险制度，是一种根据财政、企业和个人的承受能力而建立的保障职工基本医疗需求的社会保险制度。参加医疗保险的单位和个人，还需要同时参加大额医疗保险，并按时缴纳足额的基本医疗保险费用和大额医疗保险费用，在此基础上才能享受到医疗保险的相关待遇。

工伤保险是指劳动者由于工作原因受到意外伤害或引发职业疾病之后，由国家和社会给予负伤者或死亡者一定的物质帮助的一种社会保险制度。

生育保险是指在怀孕或者分娩的妇女劳动者暂时中断劳动时，由国家和社会提供医疗服务、生育津贴和产假的一种社会保险制度。生育保险一般包括生育津贴和生育医疗待遇。

医疗保险是按照强制性社会保险原则基本医疗保险费应该由用人单位和职工个人按时足额缴纳，不按时足额缴纳的，基本医疗保险统筹基金不予支付医疗费用。

商业保险则是由投保人、被保险人和保险公司经过协商签订的商业性质的保险。根据保险合同和险种的不同，保险的内容及范围也会有所不同。相比于社会保险而言，商业保险在风险保障范围上要更加广泛。

王先生在2016年购买了一份商业保险，保单金额为50万元，在2017年，王先生因脑出血而丧失了劳动能力。由于王先生的单位为其办理了社会保险，所以社保报销了王先生大部分医疗费用。由于王先生发生脑出血

丧失了劳动能力,同时也触发了商业保险的合同约定,因此保险公司一次性又赔付给王先生50万元重大疾病保险金。

对于王先生来说,社会保险起到了基础的保障作用,而商业保险则为王先生日后的生活提供了保障。王先生发生重大疾病之后,其家庭经济状况必然会受到影响,由于王先生丧失了劳动能力,仅仅依靠社保赔付的金额根本不足以满足其家庭日后的生活开销,这时,王先生购买的商业保险便起到了作用。

从王先生的故事可以看出,社会保险一般保障的是一个人的最低生活和医疗水平,而商业保险则会根据不同的类型应对不同的意外事故,被保险人可以得到相应的、额度较高的赔偿。

很多人认为购买了社会保险之后就没有必要再购买商业保险了,这种想法其实并不正确。正如前面所说,社会保险只是保险的基础,商业保险则是基础之上的一种额外保障,已经购买过社会保险的人再购买商业保险是一种防控风险的重要措施。

以医疗保险为例,在社会保险之中有专门的医疗保险,而在商业保险之中也涉及到了众多类型的医疗类保险。虽然同样是医疗类保险,但二者之前却存在着显著区别。

社保中的医疗保险只能报销一部分医疗费用,而那些高端药剂都不在报销范围之中。商业保险在这方面则不同,对于重大疾病,如果确实符合合同中的规定,则会给予相应的保险赔偿。在这方面,商业保险的补偿金额要远高于社会保险。

社会保险中的医疗保险对于重大疾病的费用报销,往往需要患者出院之后才能凭发票进行,而商业保险则只要被医院确诊了,被保险人就可以

凭借医院的诊断证明获得一定的金额赔偿。

在缴费方面,社会保险是按照当时社会的生活水平和缴费年限给付的,养老保险必须要交够15年的保费,而商业保险则交多少就可以保多少。

从风险保障的角度来说,一个人只拥有社会保险是远远不够的,完整的个人风险保障体系必须要有商业保险作为补充。

7.1.3 人身保险和财产保险

人身保险,顾名思义是一种以人的寿命和身体作为保险标的的保险,如果被保险人因为年老、疾病等原因致使自身丧失劳动能力、伤残或死亡的,保险人需要根据保险合同的约定对被保险人给予保险金。

一般来说,人身保险主要可以分为人寿保险、人身意外伤害保险和健康保险几个主要类别。其中,人寿保险和健康保险又可以细分为其他不同的类别。

财产保险则是指投保人根据合同约定,向保险人交付保险费,保险人需要按照保险合同的约定对所承保的财产因自然灾害或其他意外事故造成的损失承担赔偿责任的一种保险。财产保险根据不同的保险标的又包括农业保险、责任保险、保证保险和信用保险等。

在财产保险中,与大多数人关系最为密切的是家庭财产保险,其是以城乡居民室内的有形财产作为保险标的的保险,主要为居民和家庭遭受的财产和损失提供经济补偿。在家庭财产保险中,保险金额主要由投保人根据投保财产的实际价值来做自行规定。投保人只有对投保财产做出客观合理的估价,才能使保险金额尽可能地接近所投保财产的实际价值。

随着金融市场的不断发展,传统的人身和财产保险已经不再是原有的纯保障类型。随着经济的发展,投资市场中开始出现将风险保障和投资理财融为一体的新型投资型保险。一般来说,这些新型投资保险主要可以分为分红型、万能型和投资连结型三种类型。

分红型保险主要是保险公司将其实际经营成果优于定价假设的盈余,按照一定的比例向保单持有人进行分配的人寿保险。分红型保险的特色就在于分红的功能,分红型产品的分红能力往往与保险公司的经营状况有着直接关系。

万能型保险则是指包含保障功能,同时设立有保底投资账户的人寿保险。这种保险不仅兼具投资和保障功能,同时还拥有缴费灵活、保额可调整、账户资金可以灵活支取等特点。

投资连结型保险则是指包含保障功能,同时至少在一个投资账户中拥有一定资产价值的人寿保险,投资连结型保险与万能险具有很多相似之处,但在灵活性方面却要高于万能险。

7.2 保险投资注意事项

保险不仅是一种风险保障措施,更是一种新型投资理财方式。保险投资中的风险保障特性让其与其他投资类型截然不同,所以在选择保险投资的时候投资者需要同时关注保险投资的保险标的,投资者购买保险的目的是为了降低意外风险的危害性,同时也需要兼顾保险投资的收益性。

与其他投资方式相同,保险投资也存在一定风险。在中国保险市场之中,几乎每个保险公司都推出了自己的保险理财产品,这些理财产品并不一定都适合投资者进行投资,其中不少保险理财产品还存在着"投资陷

阱"，所以投资者在进行保险投资时需要多加注意。

7.2.1 保险投资原则

购买保险不仅是对外来风险危害的一种应对措施，同时也是一种新型的投资理财方式。面对种类繁多的保险产品，想要同时兼顾这两种"收益"，就要对保险产品进行慎重选择，因此首先了解保险投资原则是保险投资的重要一步。

原则一：选对保险公司，不要道听途说

选择一个好的保险公司，是进行保险投资的第一步，也是关键性一步。在我国，保险法中规定保险公司可以采取股份制有限公司和国有独资公司两种形式，除了分立和合并外，不允许解散。因此，投资者在进行保险投资的时候可以不去考虑保险公司因为经营不善而破产倒闭，只需要考虑保险公司的保险产品和合同条款是否适合自己，更重要的是保险理赔是否顺畅、售后服务是否值得信赖，这是投资者需要关注的重要方面。

原则二：多方比较，切忌盲目跟风

在进行保险投资时，投资者应当综合比较多种不同保险产品，可以比较同一保险公司中的不同保险产品，也可以比较不同保险公司中的同类型保险产品。在进行过充分比较之后，根据比较结果，投资者再去进行选择。投资者不能够盲目跟随别人的投资步伐，而应当更多地从自身角度出发进行考量，选择出最适合自身的保险投资产品来。

原则三：少听介绍，多看合同

保险投资中保险合同的内容是决定保险是否生效的关键，保险并不是什么类型的意外事故都能够进行保障的。在购买保险的过程中，熟读保险

条款的内容是十分重要的，认真分析一遍合同内容往往要比听十遍销售人员的介绍更加有用。投资者在进行保险投资的时候，要时刻小心销售人员的有心诱导，从而对保险合同条款产生误解。

原则四：从实际出发，不要盲目投保

购买保险的一个重要前提是了解自己的需求。想要为子女准备教育金，就要购买教育保险。想要在退休之后获得一定的收益保障，就要购买养老保险。投资者在进行投资之前一定要明确自己的投保目的，如果盲目因为保险投资的可获利性而选择并不适合自己实际情况的保险，那对于投资者来说，在购买保险的最初阶段就已经亏本了。

原则五：从保障内容出发，而不要从人际关系出发

很多人购买保险都是由于家人和亲戚的推销，迫于无奈才购买了保险。这种被动进行保险投资的行为很容易造成日后的保险理赔问题。投资者如果没有事先确定保险产品的保障内容、保障范围，从而购买了并不适合自己的保险产品，最终不仅很容易导致保险理赔麻烦不断，同时也会造成自己的经济损失。

原则六：保险优先，保费在后

投资者在购买保险的时候不能只关注自己花费了多少钱，而应当将关注点放在保险金和保险标的上。想要以小博大的投资者可以绕开保险投资这种方式，只有全方位考虑到保险责任的投资者才能够更好地进行保险投资。

7.2.2 分红保险

分红保险起源于国外，在传入中国保险市场后受到了投资者的广泛欢

迎,其是一种保单持有人可以分享保险公司经营成果的保险种类。购买分红保险的投资者每年都有权获得建立在保险公司经营成果基础上的红利分配。分红保险的分红水平是决定分红保险热销的一个重要原因。

分红保险的红利主要来源于"三差收益"——死差益、利差益和费差益。

死差益是指实际的风险发生率低于产品设计时预期的风险发生率,简单来说就是实际死亡人数比预期死亡人数少的时候产生的一种盈余。

利差益是指实际的投资收益高于产品设计时预期的投资收益时产生的盈余。

费差益则是指在实际的营运管理费用低于产品设计时预期的营运管理费用时所产生的盈余。

分红保险中红利的分配方法主要分为现金红利法和增额红利法两种。

现金红利法是指每个会计年度结束后,寿险公司根据当年的业务盈余,由指定的精算师给出意见,由公司董事会决定当年度的可分配盈余,各保单之间按它们对总盈余的贡献大小决定保单红利。不同的保单分得的红利也是不同的,这主要由它们所对应的产品、投保年龄和保单年限不同所致。

寿险公司往往不会把分红账户每年产生的盈余全部作为可分配盈余,而是在保证未来红利基本稳定的条件下进行分配,没有被分配的盈余则用来支付末期红利或者作为股东的权益。

增额红利法通过增加保单现有保额来分配红利,保单持有人只有在发生保险事故、期满或退保时才能真正拿到所分配的红利。这里所说的增额红利主要由定期增额红利、特殊增额红利和末期红利组成。

定期增额红利采取单利法、复利法或双利率法将红利按照一定的比例

来增加保险金额。特殊增额红利则只在一些特殊的情况下会将红利一次性地增加保险金额。末期红利则多为已分配红利或总保险金额的一定比例，将部分保单期间内产生的盈余递延至保单期末进行分配，这样做可以减少保单期间红利来源的不确定性。

在红利计算方面，保费分红是以客户已经交付的保费作为计算基础，对应分红利率为客户分红，保额分红则是以客户投保的保额作为计算基础，对应分红利率为客户分红。

保费分红是以客户交付保费的多少作为权重，在全部客户间分配全部的可分配红利。保额分红则是以客户投保保额的多少作为权重，在全部客户间分配全部的可分配红利。

分红保险作为一种火热的保险类型，因其特性受到了广大投资者的热爱，但由于分红保险的运作机制较为复杂，一般投资者很难玩转分红保险。投资者在进行分红保险投资时需要认清其存在的各种误区，不要唯红利论好坏，而应当更加注重收益的稳定性。

7.2.3 保险理赔问题

在保险投资过程中，保险理赔问题是投资者必须要关注的重点。很多投资者在购买保险的过程中忽视了保险合同中的细节规定，从而导致保险理赔出现了诸多问题。在保险理赔的过程中，由于各种不同的原因，总会为保险理赔带来一定的困扰，投资者想要顺利得到保险赔偿就要在保险理赔过程中多加留心。

齐先生在两年前购买了意外伤害险，期限为5年，在今年"五一"期

间,齐先生在游玩时被一辆自行车刮倒。齐先生倒在了地上,脸色煞白,头晕胸闷,在救护车到来之前便已经失去生命体征。经过医院诊断,齐先生的死亡原因是心肌梗死。

当齐先生的妻子拿着保险单据和医院证明材料找到保险公司时,保险公司却拒绝了齐先生妻子的索赔要求。保险公司认为,齐先生的死亡原因是心肌梗死,而正常人在被自行车刮倒之后极少会出现意外身亡,因此齐先生的情况并不属于意外保险的责任范围。

齐先生的妻子对此表示十分无奈,但保险合同上确实注明这种情况并不属于保险保障范围之内,所以保险公司有理由拒绝齐先生妻子的要求。

在保险理赔的过程中,被保险人应当时刻注意以下几方面内容:

(1)及时联络保险公司

任何保险产品都存在一定的索赔期限,在意外事故发生后,被保险人或其亲属应该在第一时间联系保险公司。在事故发生之后,被保险人可以通过电话、书信等方式告知保险公司,并提出保险金给付申请。如果不在事故发生后第一时间通知保险公司,就很容易出现因迟缓通知而导致保险公司增加调查费用的情况出现。如果因为没有第一时间联系保险公司,导致意外事故的证据消失,被保险人则将会面对更加严重的损失。

(2)留意索赔时效

被保险人可能因为意外事故而无法在短期内向保险公司提出索赔申请,这时亲属就应该及时帮助被保险人完成保险理赔申请。如果超过了保险索赔的时效,被保险人不向保险公司提出索赔、不提供必要单证等行为都会被视为放弃索赔的权利。不同的保险产品在时效方面也会有所不同,索赔时效应该从被保险人或受益人知道事故发生之日起算。

（3）必要文件和医院证明

进行保险理赔必须要提前准备好必要的文件，其主要包括给付申请书、保险单和最近一次缴费凭证，以及被保险人身份证明、保险合同等相关文件。同时，被保险人应当前往保险合同指定的医院进行治疗，因特殊原因导致条件无法达成的应当及时通知保险公司，取得保险公司的同意。只有指定医院开出的证明才具有合同效力。

（4）明确受益人

受益人是指保险公司支付赔款的对象。保险公司在给付赔偿之前会严格审核受益人的资料，因此在购买保险的时候一定要明确受益人，以免因为受益人问题而导致无法获得保险理赔。

第八篇 外 汇

8.1 读懂什么是外汇

和股票、黄金等传统投资品相比,外汇是一种新兴的投资品种,它有其独特的自身优势。外汇投资的特点就是前一分钟买进,后一分钟就可以卖出。因此,这种如过山车般跌宕起伏的行情也对投资者提出了较高要求。

这种高收益的投资自然也伴随着高风险,因此投资者若想试水外汇投资首先应读懂什么是外汇。

8.1.1 外汇与汇率

外汇是一种抽象的概念。广义上的外汇指的是一国拥有的一切以外币

为表示的资产；而狭义的外汇，指的是以外国货币为表示的，被各国普遍接受的，可用于国际间债权债务结算的各种支付手段。

对老百姓来说，外汇就是"一个国家或地区间的汇兑"，汇兑的可以是现钞、票据、债券和股票等。外汇实际上代表了一个国家或地区的货币购买能力。

我们讨论的外汇投资，就是指利用货币的汇率差来赚钱。

为什么最近外汇要比股票火？因为炒外汇确实比炒股票更容易赚钱一些。但并非所有人都能投资外汇，准确地说，曾经做过股票的人更容易炒外汇，因为二者的思维方法类似。炒外汇虽然能让人暴富，但外汇市场的"水"也很深，新手尽量不要进行大资金交易。

而外汇是通过汇率来表现的。汇率是指在外汇市场上，用一种货币购买另一种货币的价格。这就要求投资者必须了解投资外汇的价格，也就是汇率的一些相关知识。

为了精确和方便表示汇价，一般用5位数表示，小变化的单位通常称为"点"。外汇的一个点，就是小数点后第4位。

点的计算公式是：

1点价值=0.0001（最小变化）x 100000 x N（交易手数）= 10N美元。

比如：1个标准手100点的价值=0.0100 x 100000 x 1= 1000美元

汇率是波动变化的，其变化状况直接影响到了投资者的收益。

举个例子：

一件毛衣价值100元人民币，如果人民币对美元的汇率为0.1622，则这件商品在美国的价格就是16.22 美元。如果人民币对美元汇率降到0.1365，

也就是说美元升值、人民币贬值，美国人可以更少的美元购买商品，这件商品在美国的价格就是13.65美元。所以，该商品在美国市场上的价格会变低。商品的价格降低，竞争力变高，会便宜好卖。

如果人民币对美元汇率升到0.1836，也就是说美元贬值、人民币升值，这件毛衣在美国市场上的价格就是18.36美元，此商品的美元价格会变贵，买的人就少了。

因此，投资者们要密切关注汇率的波动。影响汇率波动的因素主要有以下6个方面：

1. 市场预期心理。由于人们对某个国家的经济状况、收支状况、利率前景的看好，就会让该国的货币被看好，继而大量买进，造成汇率的上升；反之，汇率则会下跌。

2. 各国的宏观经济政策。比如，当某国实行"双紧"的财政金融政策时，其货币对外汇率基本呈上升趋势；实行"双松"的财政金融政策时，货币汇率就会下降。

3. 国际收支。当收大于支时，出现顺差，该国货币求大于供，汇率就会上升；反之，出现逆差，该国货币供大于求，汇率就将下降。

4. 利率。一国提高利率，能促使外资的流入，造成对该国货币需求的增加，汇率就会上升；反之，利率调低，导致资金流出，汇率可能下跌。

5. 货币当局的干预。中央银行为了避免因汇率变动给国内经济带来的不良影响，为了维护货币的稳定，会对市场进行干预，通过买卖外汇使汇率变动有利于本国的经济。

6. 通货膨胀。当一个国家出现通货膨胀时，其商品成本必然会加大，出口商品以外币表示的价格必然上涨，该商品在国际市场上的竞争力就会

被削弱。

8.1.2 外汇交易流程

外汇的交易流程虽然复杂，但却是有章可循的。

不少外汇交易者都在交易过程中忽略了一些重要细节，甚至还会把重点放在无关紧要或错误的方面。了解外汇交易的流程，就是为了帮助这部分交易者避免这些问题，更好地进行外汇交易。

首先是外汇交易前。交易者应当等候最好的入场时机，计算出最佳的止损位。同时，交易者应当根据自己的交易策略制定合理的仓位（即投资人实有投资和实际投资资金的比例）。

此外，交易者还要给自己制定一个"可接受亏损可能性"。因为外汇市场与股票市场一样，永远都在波动，交易者需要明白，在达到自己的盈利目标前，外汇市场随时会出现各种变化。

其次是外汇交易中。其具体交易流程为：选择经纪人（要求资本雄厚、信誉好、收费比较合理）——开户（填写表格并存入一定的开户金额）——下达指令（通知经纪人对什么商品、以什么价格买入或卖出进行操作）——交易——结算——平仓（通知场内经纪人，对原台约注销，同时通过结算所电脑进行结算，并将盈亏报告书通知客户）——补差（如果客户短期不平仓，应在每天按当天的收市价结算一次；如果出现亏损，客户须暂时补交亏损差额）。

交易者应当时刻关注外汇市场行情的变化，根据交易过程中的变化及时调整自己的战略和仓位。同时要做好资金管理，该止损时要及时止损。此外，不要轻易改变自己的想法，让市场最终决定自己的交易策略是否正

确。

最后是外汇交易后。在交易结束后,不管最后的结果是盈利还是亏损。交易者优先要做的就是休息,让自己的心态放松。

每一场外汇交易都是唯一的,也是不可逆的。上一次交易的结果成功,并不意味着下一场也会成功。反之,如果上一场交易失败,也无法代表下一场的交易就一定会失败。

因此,交易者需要独立看待每一次交易。在交易后,总结自己亏损或盈利的经验也是必须要做的,只有这样才能不断进步。

8.1.3 外汇投资方法

外汇投资不是件简单的事情,它是指投资者为了获取投资收益而进行的不同货币之间的兑换行为。因此,投资者针对外汇投资想出了一些不同的投资方法。当前比较流行的投资方法有4种:

1. 定期外币储蓄。这是最受外汇投资者欢迎的方式,也是选择最多的方式。定期外币储蓄是风险低、收益稳定、具有一定的流动性的投资方式。与人民币储蓄不同,由于外汇之间能够自由兑换,不同外币的储蓄利率也不尽相同,而汇率也是不断处在变化之中的。所以,定期外币储蓄有选择哪种外币进行储蓄的优势。

2. 外汇理财产品。国内的美元存款利率相对于国际市场利率来说仍然是很低的。外汇理财产品的收益率可以随着国际市场利率的上升而持续上升。现如今,我国大部分外汇理财产品的期限都较短,但却可以保持较高的收益率。在稳定获利的同时,投资者还可以保持一定的资金流动性。不少银行都推出了外汇理财产品,投资者能够按照自己的喜好进行选择,而

不需要获得外汇专家的帮助。

3. 期权型存款。期权型存款包含了和汇率挂钩的外币存款,且年收益率能达到10%左右,如果投资者能对汇率变化的趋势有一个准确的判断,再加上恰当的操作时机,期权型存款会成为一种期限短、收益高且风险低的理想型外汇投资方式。但期权型存款不像外汇理财产品,投资者需要请外汇专家帮助理财。

4. 外汇汇率投资。前面提到过,汇率的上下波动都可以让投资者获利。投资业务,手中拥有外汇的人士可以考虑参与外汇汇率投资交易获利,但一些在境外拥有外汇账户的人在进行外汇汇率投资的时候也很需要外汇专家帮他们进行投资理财。

针对以上外汇理财方法,要切实制定理财方案、确定理财目标,认真研究各类外汇理财工具,比较不同理财方法的风险和收益,制定出适合自己的外汇理财方案组合,谋求外汇资产的最优增长。

8.2 外汇交易的实战操作

在进行外汇实际交易时,投资者有很多需要注意的方面,尤其是对外汇投资的新手来说。外汇市场交易的风险很大,所以在实际操作中投资者应当掌握一些技巧以及策略,以此应对多变的外汇市场。

8.2.1 外汇交易的基本操作

在前面介绍了一些基础知识后,这节就进入了实用环节。投资者一定要了解足够多的基本知识之后,再上手去试着交易。

外汇交易的基本操作包括三个方面：看报价、买价与卖价、差价。

1. 报价

外汇交易的基本原理，与股票有异曲同工之妙。说白了，外汇交易就是一买一卖而已。如果你买入的时候便宜、卖出的时候贵，那就能赚钱。

比如英镑兑美元（GBP/USD）的价格：

货币对中，第一个货币被称为基准货币，在这里就是指英镑（GBP）；第二个被称作计价货币，在这里是指美元（USD）。

在买入或者卖出货币对时，可以这样理解：为买入或者卖出基准货币，支付或者收到的价钱，就是计价货币。

比如投资者买入了"镑美对"，实际上就是买入了英镑，同时用美元来计价。如果镑美的标价是1.56，那买入100英镑需要支付的价钱就是1.56×100=128美元。

如果卖出"镑美对"，就是卖出英镑，对方付给你美元。当标价为1.21的时候，卖出100英镑能够得到121美元。

所以，GBP/USD的标价就意味着，买入前面的基准货币需要支付多少后面的计价货币。如果卖出前面的基准货币，就是得到后面的计价货币。

那么，GBP/USD变大意味着什么？就意味着英镑（基准货币）涨价了。所以，对于已经买入英镑的投资者来说，应当期望基准货币的数字变大，就像买入股票之后希望股价上涨一样。反之，如果数字变小，就是英镑的价格下跌了，对已经卖掉英镑的人有利。

2. 买价和卖价

在股票投资中，有一个名词叫作成交价。但是在成交之前，交易系统里能看到的报价被分成了五级卖价——卖一卖二到卖五，挂在上面；还有

五级买价——买一买二到买五，挂在下面。

当然，外汇与股票一样，报价也分为买价和卖价两种。

在成交之前，你所看到的报价应当类似于GBP/USD=1.2798/1.2802。

前面那个价格，是市场上想要买入英镑的人所开出的最高价，被称为"Bid Price"，等于1.2798。在股市上，这就是买一价位。

后面那个价格，是市场上想要卖出英镑的人所开出的最低价，被称为"Ask Price"，等于1.2802。这相当于股市的卖一价位。

这样记就不会搞混了：前面那个比较便宜的价格是买价，后面那个比较贵的价格是卖价。

对于你来说，买入英镑时，你是按照市场上现有的卖价成交，也就是后面那个1.2802美元。卖出的时候，你是按照市场现有的买价成交，是前面那个1.2798美元。

3. 价差

市场上挂的卖价比买价高的那部分，被称为"价差"。

还是用GBP/USD=1.2798/1.2802做例子，1.2802-1.2798=0.0004。所以，外汇市场的价差就是0.0004。为了交易的时候更为方便，业内一般叫作4个点或者4个基点。

价差在外汇交易中十分重要。

当投资者买入1英镑后立刻卖出，即便市场价格完全不动，也会因为买卖之间的价差亏掉一个价差单位，也就是0.0004美元，或者说4个点。如果投资者在一天之内频繁交易，那亏损掉的价差就会很高。

价差是判断外汇市场和经济商好坏的重要指标，投资者可以通过差价看到这笔交易是否值得去做。价差越低，对交易者就越有利。

交易的时候，请一定不要忘记每笔交易的价差成本。

8.2.2 写给新手的炒外汇技巧

所谓万事开头难,作为外汇投资的"菜鸟",若想成为一名合格的外汇投资者,掌握基本技巧、打好基础是十分必要的。外汇投资者最看重的就是让自己的投资计划能够顺利实行。

下面是给炒汇新手的几点建议:

1. 新手应当顺势而为,市场运动规律的最直接体现就是趋势。对待趋势的正确做法,就是顺应趋势进行操作。

美国著名投资高手斯坦利·克罗曾说过:"最赚钱和最令我安心的操作,总是顺着当时的大势而操作的时候。赔得最惨和感到最大压力的操作,总是在我建立或抱着逆势赔钱仓不放的时候。"

2. 新手应当抓大放小。炒汇新手在最开始时就要注意培养系统交易思维。只有不计一时的得失,才能谋求长期稳定的收益。要做到这一点,就要学会从数量庞大的市场机会中选择大机会、放弃小机会。

炒汇新手必须要掌握风险收益比与成功率,而风险收益和成功率也是评估机会的两个核心因素,是新手赚钱的第二大法宝。外汇投资者所追求的交易,一定是风险收益比小、成功率高的交易。

3. 限损持长。在外汇市场上,最重要的就是限制损失、保住本金。只有在此前提下,炒汇者才能长时间地持有"有获利潜力"的外汇货币,让利润增加。

学会止损,才能避免在外汇市场上越陷越深,而在限制损失的同时就一定要学会通过持长来赚钱,以此弥补亏损。

对于一个炒汇新手而言,即使你的知识和经验比一些老投资者弱,但

是只要牢牢掌握本文提供的三大法宝,并通过持续用心的练习,那么在炒汇的时候赚钱并非难事。

除了以上建议之外,新手炒汇入门还有三个需要注意的"不能信":

1. 不要相信市场上的各种分析评论

这并不是说外汇市场上的分析评论都是错误的,而是市场行情瞬息万变,没有谁能完全准确地估计出外汇行情的走向。因此,在炒汇时更重要的是交易策略,以及随机应变的能力,而不是具体的交易方针。

2. 不要太相信你的模拟盘

你的模拟盘不是真的,它在真正的外汇投资中是不同的。你的真仓会碰到很多无法想象的问题,比如心理的、市场的、投资公司的等等。你要知道,有七成跟你一样聪明的人,在实际投资中却是输家。

新手学习炒外汇,首先要明白的是市场客观性,这才是外汇交易进行的立足点。承认这一点并在交易之中做好对风险的防范,才能够保障交易的安全进行,才能够更接近成功。

3. 不要太相信自己的自信

投资者学习炒外汇时,总会把自己的能力预估得过高,等到在实战交易中受挫后才发现原来自己还有很多不足之处。炒汇者在制定交易目标时一定要切合实际,否则亏损的可能性会高过获利的可能性。

此外,外汇操作还有"八字要领",即轻仓、止损、保利、认错。

轻仓——要求炒汇者严格控制仓位,不让自己的账户负荷太重。一般来说,炒汇者需要把保证金控制在账户资金的一成左右。

止损——这是保证炒汇者能够长期在外汇市场上生存的基础,也是当错误判断趋势时所必须付出的成本。做任何一单都要止损。

保利——保利要求炒汇者必须要克服一个"贪"字,不要让本来已经

盈利的单变成亏损的单，这会让你的心态变得很低落。

认错——当炒汇者发现自己对趋势判断错误时一定要及时更正错误，立马平仓出局。在炒汇的过程中，切忌感情用事、一意孤行。

新手一定不要小看这八个字，因为这就是炒汇者长期盈利的法宝。

8.2.3 如何应对套牢

做投资一定会有风险，外汇市场也不例外。

套牢是所有炒汇者在投资外汇的时候最不想遇到的情况，尤其是在外汇保证金交易中，如果自己的外汇投资被套牢，还有被强制平仓的风险。

炒汇者在外汇投资市场上也难免会发生被套牢的情况。面对套牢时，炒汇者也不用放弃，只要你操作方法正确，也会有效止损，甚至会反败为胜。所以，如何应对套牢就成了炒汇者在外汇交易策略学习中的重要学习对象。

套牢的应对技巧如下：

1. 如果炒汇者和大趋势恰好做反了，建议炒汇者在最近形成的最高价设置止损。有的炒汇者会觉得很心疼，那就当是"交学费"吧，打掉就是止损，如果拖到以后止损会更疼。

轻仓严格止损。当投资者做比较稳固、比较大的趋势结构时，观察图表周期至少要在1小时以上。另外，交易计划要在交易前就做好，而且需要每天做，在盘中"只执行，不决策"。当涉及到得失时，投资者不是很容易把正确的事坚持下去。

2. 如果所买入的币种处在中位，可根据当时的情况进行短暂观望。这样做的目的就是为了解套离场，或者是逢高减仓、降低损失；如果所买入的币种处于低位，则不必急于止损，在所买入的币种下跌企稳之后，于重

要的支撑位敢于低位补仓、摊薄成本，在接下来的反弹行情中将高位套牢的仓位一同救出。

3. 如果炒汇者买入的币种一直都处在上升阶段，则不必止损，可以耐心地持有一段时间，其必会解套，甚至还有盈利的可能；如果炒汇者买入的币种处在下跌趋势，一旦确认下跌趋势已经形成就应当立即止损。

在这个时候，炒汇者切忌心存幻想，因为任何迟疑和犹豫都有可能换来深度套牢。

8.3 外汇的风险

风险是投资理财中不可避免的一项，因此，炒汇者在进行外汇交易的过程中也存在着一定风险。投资者需要了解这些风险，还要做到拥有控制风险的能力。

8.3.1 外汇风险种类

细分外汇的风险种类，有以下三种类型——

1. 汇率风险：汇率风险是炒汇者最常遇到的风险类型，是指经济主体在持有或运用外汇的经济活动中，因汇率的变动而蒙受损失的可能性。

2. 到期日差距，以及利率风险：外汇银行与个人一般采用反向外汇交易，以此冲淡、抵消炒汇交易中的风险和损失。这样做的目的是为了轧平头寸，降低汇率变动的风险。虽然这种方式能够取得一定的效果，但其缺点也是很明显的，即产生到期日不一致的风险，以及利率风险。

3. 信用风险：炒汇中的信用风险包括两方面内容，即客户信用风险和

国家风险。客户信用风险指的是在交易过程中,一方因另一方在合约到期之前或到期日违约而受到损失。在交易过程中,虽然一方违约不能支付的情况比较少见,但仍会有某些特殊情况存在,让对方在签约到期时不能按时交付款项。

炒汇者在外汇市场中不可避免的风险有以下四点:

1. 外汇中首要的资金安全

资金安全是交易中最重要的问题,也是炒汇者最看重的问题。要知道,炒外汇没有结算机构的担保;炒汇者用于买卖外汇,以及约的入金不受任何监管机构的保护;而且在破产的时候,不会被优先考虑;在经纪商破产的情况下,炒汇者的资金也得不到保护。

根据美国破产法的规定,股票客户与商品客户,在经济商破产的情况下,拥有清算理赔的优先权。所以,当经纪商破产的时候,这类客户保全全部资金的可能性非常高。

但是,由于外汇现货既不属于股票也不属于商品,所以外汇现货客户既不是股票客户也不是商品客户。正是由于外汇现货客户的法律地位不够健全,所以只能以无担保债权人的资格进入经济上破产清算程序,这就可能导致炒汇者血本无归。

2. 市场本身的风险

因为外汇市场是24小时不间断运转的,而且,汇率的浮动没有最高与最低的限制。在波动剧烈的情况下,甚至能在几个小时之内就把一个月甚至几个月的波动全走完。

因为外汇的走势受到众多因素影响,所以没谁能够准确地预估外汇的走势。在持有头寸的时候,任何意外的汇率波动都有可能导致资金的大笔亏损甚至是所剩无几。

3. 高杠杆带来高风险

每种投资都存在风险,可外汇交易所使用的是资金杠杆模式,这也让外汇交易的风险大大增加,亏损的额度也被放大。尤其是在使用高倍杠杆的情况下,即使与炒汇者交易的趋势相反也会带来巨大损失,甚至会失掉所有开户资金。

所以,建议炒汇者使用生活必需资金以外的资金。也就是说,使用的资金必须要具备以下特点——即便全部损失,也不会对炒汇者的生活和财务造成影响。

4. 网络交易风险

虽然各大交易商都有电话交易系统,但保证外汇交易最主要的方式还是通过网络来实现的。由于互联网本身的特点,经常会让炒汇者连接不到交易商。在这种情况下,炒汇者是无法进行下单的,甚至没办法对自己的寸头进行止损,这也是诸多意外亏损的原因。

但是,如果炒汇者因为网络问题出现亏损,交易商是不需要对此负责的。甚至连他们自身的交易系统出现问题,也不需要对炒汇者负责。同样,国内银行的实盘交易对此类风险也是不需要承担责任的,这些风险免责条款都在交易的开户书上写得十分清楚。

所以,无论是国内实盘炒外汇,还是在国外进行外汇保证金交易,在无法与经纪商连接的交易系统进行交易的情况是很普遍的。炒汇者应当提前了解和避免此类现象。

8.3.2　如何控制外汇风险

除了要掌握外汇交易的一些风险外,最重要的是让炒汇者学习如何控

制风险。只有在外汇交易的过程中控制好自己的风险,才能避免让自己血本无归,才能让自己更多地从炒汇中获益。控制风险,从宏观的角度来说主要从两个方面来做:

1. 处理好自己的资金:在炒汇者所做的决定中,最要紧的是如何使用资金,以及使用多少资金进行投资。这样的炒汇者才是理性的,才能对自己的资金负责。

2. 选择交易方式:在外汇投资过程中,可供炒汇者选择的交易方法有很多种。至于具体选择哪一种,要根据具体的交易项目来决定,同时也要根据不同的人来决定。

无论炒汇者选择哪种方法,都会包含一些最基本的理念,这些理念都应当能被投资者所接受,而且是经过证实的。炒汇者应当按照正确的方式进行操作。

其中,投资者最需了解的当属化解汇率风险的主要措施,其有以下五点:

1. 选择恰当合同货币。在关于对外贸易及借贷等经济交易中,我们应当选择哪种货币作为计价货币,直接关系到炒汇者是否将承担汇率风险。为了避免汇率风险,炒汇者应当尽量争取使用本国货币作为合同货币。在出品及资本输出时选择硬通货,如黄金、美元和欧元等;在进口、资本输入时使用软通货,如越南盾等。同时,还要在合同中附加上保值条款等措施。

2. 通过在金融市场进行保值操作。其主要方法有外币票据贴现、期汇交易、期权交易、现汇交易、期货交易、借款、投资、利率与货币互换等。

3. 在一般情况下,由实行资产负债表保值来化解折算风险。折算风险

是指有关经济主体在资产负债表会计处理过程中所产生的风险,这种方法要求在资产负债表上通过各种功能货币表示的受险资产和受险负债的数额相等,从而让它的折算风险头寸为零。只有这样,汇率变动才不致带来折算上的损失。

4. 财务多样化。也就是说,要在多个金融市场上通过多种货币来寻求资金的去向以及资金的来源,实行筹资多样化和投资多样化。如此一来,在有些外币贬值、有些外币升值的情况下,公司就能够抵消绝大部分外汇风险,从而对风险进行有效的防范了。

5. 经营多样化。也就是说,在国际范围内,对其销售、生产地及原材料来源地进行分散。管理部门能够通过国际经营的多样化,在汇率出现变化时,通过比较不同地区生产、销售和成本的变化对利益进行保留、对风险进行规避。使对汇率变化有利的分支机构的生产增加,同时减少汇率变化不利的分支机构的生产。

外汇市场上有许多赢家,也有不少的输家,他们往往因一招不慎而落得满盘皆输的下场。他们对各自的成与败都认真做了总结,得出了许多经验和教训,这些经验与教训对所有投资者都有很强的借鉴意义。

当然,要向专家或知情人咨询,取得他们的建议,而不能听信不知情的人的建议。同时,还要密切关注政府的行为,因为政府的能力和实力毋庸置疑。

第九篇

贵重金属

9.1 黄金的前世今生

黄金一向被称作金属之王。如果说,有一种金属能对人类的诱惑绵延几千年,甚至让人类为之催生战争与征服、帝国与货币,那它一定非黄金莫属。

黄金是帝王财富与权势的象征,一般平民很难拥有。在各个时代,黄金都被赋予了神话般的力量,直到今天,黄金依旧是财富与权势的象征。

9.1.1 什么是黄金?

黄金曾被作为全球性的交易货币,因为它具备稀少性、一致性和可携

性的特性。因此,直到今天,世界各国央行和国际货币基金组织依旧把黄金储备作为重要的储备货币之一。这也在客观上,给世界范围内的投资者做了投资黄金的示范作用。

所谓"盛世古董,乱世金"。黄金只有在世界局势动荡的情况下,需求量才会水涨船高。世界大战期间,黄金成了各国之间的硬通货。除世界大战外,经济方面的动荡也会给黄金带来影响。比如2008年金融危机之后的三年内,黄金价格的涨幅就超过了之前的六年。

当然,这些动荡都与美国相关。毕竟非洲或一些小国的战乱,是影响不了华尔街大亨们的在意的。但"9.11"就不一样了,美国本土受到了动荡,继而爆发了阿富汗与伊拉克两场战争,黄金价格也就蹦着高往上窜。

在现代,黄金主要有两种需求,即实体需求与投资需求:黄金的实体需求主要指珠宝、储存和工业需求;黄金的投资需求主要指各种黄金交易产品,如纸黄金、黄金T+D交易、投资金条等需求。

大多情况下,投资需求决定了黄金的价格走势。因此,它的规模要比实体需求大很多。同时,全球每年的黄金供给与实体需求大致相当。所以,实体需求对黄金价格产生不了多大影响。

黄金的主要市场设在伦敦和纽约。伦敦黄金市场上、下午的定盘价,对黄金的现价有着重要影响;而纽约商品交易所的黄金期货价格,则是国际金价的风向标。

黄金每年大约有1600亿美元的产值,而这只相当于纽约和伦敦两地黄金市场的三天交易量而已。我国的上海黄金交易所和香港金银贸易所,不管是规模还是影响力,都不能和纽约与伦敦同日而语。

如今,黄金的主要计价货币是美元,而黄金却是美元的敌人。当今的货币体系是美国主导下的美元本位,美国在布雷顿森林体系解体时,强行

要求IMF规定"各国货币不得与黄金挂钩"。因此,美元得以成为世界货币和储备货币。全球有超过一半的美元不在美国手里,美国也因此掌握了货币政策的主动权。

此外,黄金还是对抗通胀的有效工具。这个问题可以参考利率水平。黄金虽然贵,但不能生息,这才是黄金的硬伤,虽然能保值,但本身不产生收益。因此,黄金只有在一个利率低的环境下,优势才能突出;随着利率上升,黄金的优势就会慢慢减弱。

当然黄金和其他投资产品一样,很难用一个简单的分析方法来预测和分析,很多因素也会变化和互相影响,投资者自身的心理因素也是难以捉摸确定的,所以做好金融投资需要深入的研究和持续的努力。

9.1.2 远古时代的货币

马克思曾说过:"金银天然不是货币,但货币天然是金银。"确实,黄金作为价值最高的流通货币,也是由黄金独特的物理性质决定的:熔点高、易于分割融合、密度大、体积小、便于携带、不易被氧化耐储存等。

除以上特点外,黄金还能满足人类在生活美学方面的追求。从古至今,就算是没有精巧装饰的日常物品,即便没有复杂的工艺,只要材质是金银,就会变得弥足珍贵。黄金的外形天然华丽,在古代落后的生产力条件下,这样的金属就显得极其珍贵了。

早在春秋战国时期,黄金就已经成为重要的流通货币之一了。它在早期与铜铸币并行使用,在秦国统一六国后,秦始皇建立货币机制,规定黄金为上币,并用"镒"作为单位,合二十两。

西汉时期继续沿用秦朝货币体系,把黄金的单位改成"斤"。西汉也

是中国货币史上使用黄金最多的朝代。只要支付较大或较多金额的交易，都是通过黄金来计算的。

从东汉开始，由于战乱等各种原因，导致黄金的储备不断减少，这也让黄金变得越来越贵重。这时，人们对黄金的用途也出现了诸多改变。在货币交易方面，黄金被使用的频率逐渐削弱，而作为奢饰品、装饰品、以及陪葬品的用途却逐渐增多。民间储存黄金的现象变得越来越普遍，黄金也逐渐退出市场流通。

唐宋时期，黄金作为货币的用途再次上升。因唐宋时冶金业较为发到，青铜的产量猛增，致使铜制币变成低廉货币，稀有的金银跃升为高额货币。

宋太祖开宝四年制定了《伪黄金律》，这是两汉以来官方第一次把黄金当成法定货币。银质货币的地位也呈现出"后来者居上"的架势。宋代的金银开采已经具备一定的规模，"皇年间岁得金1.5万余两、银22万两"，政府常用金银铸钱，比如金质宣和背陕、银质政和钱等。因为黄金的价值较大，且流通的时间也断断续续的。所以，在元朝之后，黄金就不再作为货币流通了。除了装饰品外，民间几乎不会用到黄金，更不会用黄金作交易。

明朝时期，由于朱元璋忌讳元朝的"元宝"，因此将货币改为"通宝"，开始大量发行"宝钞"。这一举动使得铜制币迅速贬值，而白银逐渐成为主要流通货币。如今出土的明金锭，一般仅作为皇帝的赏赐，而不作为流通金钱。

从上不难看出，古时候的金银比价在绝大部分时间内都是比较稳定的。随着哥伦布发现了新大陆，又在新大陆上发现了储量丰富的银矿，继而引发了世界范围内的银价暴跌。

自1971年美国宣布美元与黄金脱钩后，金银价格飞升。至今，相对于1900年，黄金已经涨价36倍之多。

9.1.3 现代黄金的用途

黄金无疑是一种让人眼花缭乱、喘不过气的东西。它不仅可以予人财富，也可以让人走上犯罪道路。很多人说黄金既不能吃，又不能穿，还不实用，为什么还有人对黄金如此痴迷？如果你是一名理财者，你就不会这么问了。

黄金是被人类较早发现并利用的金属。由于它的稀少与珍贵，自古以来便被视作"五金之首"，更有"金属之王"的称号。黄金享有其它金属无法与之媲美的盛誉，它显赫的地位几乎是永恒的。

正因为黄金所具备的"贵族"地位，在很长一段时间内，黄金都是财富和华丽的象征。古代人将其用作金融储备、货币和首饰等。而现代人则将黄金用在更广泛的方面。

随着社会的发展，黄金的经济地位和应用在不断地发生变化。它的货币职能开始下降，而在工业和高科技领域方面的应用在逐渐扩大。

现代黄金的主要需求和用途有三大类：

1. 国际储备。这一特性是由黄金的货币商品属性决定的。历史上，黄金充当货币职能的例子不胜枚举。例如价值尺度、流通手段、储藏手段、支付手段和世界货币。随着社会经济的发展，黄金已经逐渐退出了流通领域。

而20世纪70年代以来，自从黄金与美元脱钩之后，其货币职能也逐渐减弱，但仍旧保有一定的货币职能。目前有许多国家，包括在西方主要国

家的国际储备中,黄金仍占有相当重要的地位。

2. 珠宝装饰。无论是古代还是现代,华丽的黄金装饰,一直都是一个人社会地位与财富能力的象征。

3. 在工业与科学技术上的应用。由于黄金具有独一无二的完美性质,这种性质是任何一种金属都不可与之媲美的,比如它具有极高的抗腐蚀的稳定性;很高的熔点,"真金不怕火炼"就是这么来的;良好的导电性和导热性;金的原子核具有较大捕获中子的有效截面;对红外线的反射能力接近100%;在金的合金中具有各种触媒性质。

除此之外,金还有良好的工艺性,极易被加工成超薄的金箔、微米金丝与金粉;金很容易镀到其它金属上,甚至能被镀到陶器及玻璃的表面,在一定压力下,金容易被熔焊和锻焊;金可制成超导体与有机金等。

正是因为黄金有这么多有益性质,使它有理由被广泛地应用到现代高新技术产业中去。比如电子技术、通讯技术、宇航技术、化工技术、医疗技术等。当然,黄金对老百姓来说,最重要的一点当属它的投资意义。

9.2 投资黄金的渠道

随着商品经济的不断发展,投资黄金的方式已经从最初的买金条投资,发展成了如今多维度多种方式的投资。目前黄金的主流投资方式包括投资金条、黄金T+D交易和纸黄金等。

9.2.1 投资金条

投资金条,又被称作投资型金条。它是金条的一种,但又不完全等同

于一般的金条。

简单来说：投资金条就是由知名的黄金公司推出，纯金含量高于99.99%，根据黄金交易所或国际市场的实时价格作为参考，可实时买，也可实时卖，并且能供人们投资理财保值增值的金条。

作为一种投资理财产品，投资金条具有以下几点优势：

1. 回报高

黄金投资的收益率可以达到20%-300%，甚至更高。当今股市波动，基金也不景气，通货膨胀致使银行存款贬值，在房地产也面临严格的宏观调控时，黄金的避险保值功能就凸现出来了。对于投资新手来说，投资黄金确实是一种稳健而快捷的投资方式。

（1）安全性：全球公认的最佳保值产品就是黄金。

（2）变现性：黄金市场都是24小时交易，能够随时把交易变为钞票。

（3）逆向性：纸币会因为信用危机而出现贬值，但黄金反而会升值。

（4）稀有性：目前地球黄金存量有限，但需求量却呈直线上升。

（5）投资性：由于黄金长期趋势向上，且黄金市场不可能被人为操控，风险较小，适合中长期投资。

2. 方便快捷

黄金产品比较单一，省去了选股这一难点。此外，黄金价格波动较大，获利的机率也更大。

黄金市场的24小时不间断交易，赋予黄金交易时间长；获利机会多；交易时间宽松；交易方式便利；不与工作时间、地点冲突；允许投资者进行多次交易等特点。

当然，投资者在投资金条的过程中，不但能感觉到对高金价的反思，而且还可以发现投资黄金在买入到抛出的各个环节可能存在的风险：

1. 渠道风险：回收不畅

黄金作为一种优良的投资品，除了在价格上具有升值潜力外，还要具很好的流动性。如果投资者用很便宜的价格买下一根金条后，却发现在金条卖出的环节有诸多限制，这也会让手里的金条价值大打折扣。

黄金投资者不仅要注重金价的波动，还要注意在入手之后，是否可以卖出去。据记者了解，当前我国市场并不是每家银行和金店都提供金条回购业务的。而且，大多数银行都只回收自家销售的黄金。

2. 购买风险：金子不是装饰品

不少人对前一阵子，中国大妈抢购黄金的事件还记忆犹新。但只依靠购买黄金首饰来让黄金升值，几乎是个不靠谱的想法。

上海金业常务副总裁金多利曾说："很多投资者去金店购买18K金的首饰，不过18K首饰的黄金含量只有75%，投资价值并不大。"

现在市面上大多黄金首饰都不是纯金，而是"24K"或"18K"的黄金。绝大多数的投资金条的含金量是99.99%，也就是通常所说的千足金。

就算入手的黄金首饰是千足金，那它的投资价值也会大打折扣。因为黄金一旦变成首饰，就需要归类到"时尚消费品"。就和其他时尚消费品一样，黄金首饰也会面临过时与贬值。

3. 交易风险：交易成本过高

交易成本也是黄金投资绕不开的一道坎。当投资者在投资渠道入手实物黄金时，其价格大多要比市价高，可卖出去的价格却低于市价。买卖差价，指得就是投资黄金的交易成本，这种交易成本最容易被黄金投资者所忽略。

从市场上看，在银行购买投资金条，并由同一家银行进行回购是最节省投资成本的方式，但各家银行的出售价格和回收价格却略有不同。

9.2.2 黄金T+D交易

黄金T+D交易，也就是投资市场上俗称的"保证金交易"。具体指得是在黄金买卖业务中，市场参与者不需要对交易的黄金进行全额资金，只需要按照黄金交易总额支付一定比例的价款，作为黄金实物交收时的履约保证即可。

举个例子：

黄金每克为300元人民币，买一手黄金1千克。传统的实物黄金交易，需要投资者一次性投入30万元人民币，然后可以取走一千克黄金。等到金价上涨后，投资者可以带着1千克的黄金去交易所卖掉，赚取差价。

当然，这样一来既耽误投资者的时间，也有可能产生一定风险。如果在"T+D"的业务里做，投资者只需要30万的10%，即3万元，就能在家里的电脑上自行交易。这不但为投资者节约了时间，而且也避免了携带实物黄金而可能发生的风险。

黄金T+D交易有如下特点：

1. 交易时间灵活

灵活的交易时间，就意味这种投资更适合平时需要上班的人。黄金"T+D"的交易时间有9:00-11:30、3:30-15:30、21:00-02:30。而且"T+D"交易能够在晚上进行，它波动最频繁的时候也恰恰是在晚上。所以，"T+D"交易非常适合平时白天需要上班的投资者。

2. 交易多样化

这就意味着投资者有做空机制，不用担心资金被套牢。黄金"T+D"拥有做空机制，一旦多单入场后，行情发生反转，就可以平掉多单，反手做空。这样不仅可以把亏损的钱补回来，还能有所盈余。投资者更加主动、灵活，不用像股票一样，只是被动地等着行情。

3. 保证金模式

就是让投资者利用"杠杆"原理，投入较少的资金。传统实物黄金投资都会一次性投入金额很大的资金，且交易手续烦琐。而黄金"T+D"业务能够给广大的投资者提供一个完善的交易平台。

投资者只需缴纳10%的保证金就可以进行投资，这种交易手段减轻了市场参与者的资金压力，是一款真正意义上的黄金投资产品。

4. 无交割时间限制

这就意味着投资者大大减少了操作成本。在黄金"T+D"业务中，并且没有交割的时间限制，无论投资者想持仓多久都可以可，都是由投资者自己把握的。不用像期货那样，到期后，无论价格多少必须交割，可以大大减少投资者的操作成本。

此外，黄金T+D交易的目的不是获得实物，而是回避价格风险或套利，一般不实现商品所有权的转移。黄金T+D市场的基本功能在于给生产经营者提供套期保值、回避价格风险的手段，以及通过公平、公开竞争形成公正的价格。

投资者在投资黄金T+D时，还要了解其相关制度以更好地利用这个投资工具，同时避免一些不必要的麻烦和损失。黄金T+D的相关制度主要有：

1. 保证金制度：上海黄金交易所规定，黄金延期交易的最低保证金比率，必须是合约价值的10%。

2. 竞价撮合制度：这改变了传统纸黄金交易中投资者的被动地位，实行竞价撮合制，中间没有任何差价。

3. 双向交易制度：黄金延期交易中想要获利既可以通过低买高卖来实现，还增加了一种途径：通过高位卖出，即卖出开仓，然后低位买进，即买入平仓。这就增加了做空的交易机会。

4. 强制平仓制度：当投资者账户出现保证金不足的情况时，其原有持仓将会被强行平仓。可能是全部仓位被平掉，也可能是部分仓位被平掉。投资者要善于运用预警指标，来避免此类情况的发生。

9.2.3 纸黄金

"纸黄金"是一种个人凭证式黄金，也就是说，投资者按照银行的报价，在账面上买卖"虚拟"黄金。个人通过把握国际金价的走势，低吸高抛，来赚取黄金价格的波动差价。

投资者的买卖交易记录只允许在个人预先创建的"黄金存折账户"上体现，不在现实中发生实体黄金的提取和交割。目前，各大银行都开通了纸黄金投资渠道。

投资纸黄金的有四点好处：

1. 操作不难，比较适合投资新手用来熟悉黄金市场，推荐新手用投资纸黄金"练手"。同时，黄金价格具有波动性，适合做短期的波段操作，也适合投机。

2. 投资纸黄金指得是黄金的虚拟买卖，并不具备保值功能，也没有抵御通货膨胀风险的能力。

3. 纸黄金为记账式黄金，能给投资者免掉仓储、运输、签订的费用，

零基础投资理财课 Lingjichutouzilicaike

不但能给投资者提供便利,也能有效地降低投资成本。

4. 纸黄金具有较大的升值空间,投资者只有把握好投资技巧,才能在纸黄金投资中获取更大的收益。

在投资技巧上,投资者也可以借鉴以下几点内容:

1. 制定季节性交易计划:首饰是黄金最大的需求因素,而首饰黄金又有季节性的需求。比如我国的首饰需求,主要集中在10月份到春节前后,而西方国家的首饰需求,则集中在圣诞节前后。由此,投资者需考虑在淡季6月份到9月份时逢低买进,在需求旺盛的10月份至次年4月的周期内逢高减仓。

2. 控制好交易节奏:投资者很难在连续的黄金交易中,对市场走势做出一直准确的判断。在正常情况下,投资者出现一两次失误并不影响大局。可如果接二连三地出错,就有可能是你失去了对市场的把握能力。建议退步抽身,等重新审视市场变化后再行投资。

3. 不可强行交易:不要为了交易而交易,投资者不要参与一些无法弄懂的交易,也不必每个波段都要进行交易。市场的多数交易都会错过七成的行情。要知道,每个投资者所能支配的精力都是有限的。

4. 要选择好退场时机:投资者要选择好离场时机比较简单的方法是通过前期的价格走势发现那些经受过反复考验而未能有效突破的阻力区间,尤其是曾经引发过大幅跌势的阻力位更要高度警惕,而这些关键阻力位一旦被有效突破后金价往往会继续大幅度上涨。

对于准备投资纸黄金的投资者来说,还需要时常关注信息,可以从银行网点、财经类报纸、杂志和网站等渠道,来获取对黄金价格有涨跌影响的因素。毕竟,黄金投资不同于黄金储藏,盲目进入一样会深度套牢。

9.3 影响黄金价格的因素

由于投资市场的风险事件较多,且投资者很难预见,这也让黄金的价格涨跌不断,经常会呈现过山车走势。因此,投资者在投资黄金之前,需要对黄金价格大趋势做到心中有数。通过参考技术指标,进行技术分析,确定具体操作策略,力求让盈利机会更大一些。

对黄金价格走势的判断,永远离不开对影响黄金价格走势因素的分析。那么,影响黄金价格的因素是什么?下面总结一些能够影响黄金价格走势的因素,望投资者悉知:

9.3.1 美元对黄金价格的影响

自从布雷顿森林体系解体以来,黄金的价格就一直用美元来计价。因此,黄金的价格受到美元的直接影响,与美元呈现出很大的负相关性。

美元虽然不像黄金那样的稳定,但作为国际纸质货币,它比黄金的流动性要好得多。因此,美元被认为是第一类的钱,黄金为第二类的钱。当国际政局动荡或紧张的时期,人们都会因预期金价会上涨而购入黄金。但是最多的人保留在自己手中的货币其实是美元。

如果某个国家处在战乱时期,不得不从别国购买武器或者其它用品时,就会用手上的黄金来换取美元。因此,美元在国际政局不稳定的时候未必会上升,要依据美元的走势来决定。

简单地说:美元强,黄金就弱;黄金强,美元就弱。

当然,美元的升值或贬值都会直接地影响国际黄金的供求关系变化,

也会让黄金的价格发生变化。从黄金需求方面看，黄金是通过美元来计价的，当美元贬值，不得不使用其他货币购买黄金时，等量的资金就能换到更多黄金，继而刺激黄金需求，导致需求量暴增，最后推动金价走高。

反之，如果美元升值，黄金对于使用其他货币的投资者来说，价格就变高了。如此一来，就会抑制消费，导致黄金价格下滑。

此外，美元的升值或贬值也反应了人们对美元的信心。美元升值，则说明人们对美元的信心增强，这会使人增加自己对美元的持有数额，减少对黄金的持有数额，从而导致黄金价格下滑；相反，如果美元贬值，就会导致黄金价格上涨。

值得注意的是，人们所说的美元与黄金的负相关性，是通过长期的趋势来观察的。从短期情况看，当然也不排除例外情况。如果前段时期出现美元和黄金同步上升的局面，就意味着两者都为避险产品，市场的避险需求的增加，就有可能推动美元和黄金同步走高。

一般情况下，投资者在储蓄保本的时候，就会选取黄金而舍弃美元，或者选取美元而舍弃黄金。黄金本身虽然不是法定货币，但却始终有价值存在，不可能贬值或成为废铁。

如果美元的走势喜人，投资者选择美元投资的升值机会就大，投资者自然会选择美元。反之，当美元在投资市场上势弱时，黄金的价格就会增强。

9.3.2 原油对黄金价格的影响

同美元一样，黄金与石油也存在正相关与负相关的关系。

黄金与石油之间存在着正相关的关系，即黄金价格和石油价格都是正

向变动的关系:石油价格的上升,就意味着黄金的价格也会上升;石油价格下滑,就意味着黄金的价格也会下滑。

石油的价格波动,会直接影响世界经济的发展,尤其会影响美国经济的发展。当前,美国的经济总量和石油消费两都位列世界第一,而美国经济走势,也会直接影响到美国资产质量的变化,继而引起美元的上升或下滑,也会引起黄金价格的上升或下滑。

举个例子:

根据国际货币基金组织估算:每当石油价格上涨5美元时,就会把全球的经济增长率削减约0.3个百分点,而美国经济的增长率,则有可能下跌约0.4个百分点。

当石油价格连续飙升的时候,国际货币基金组织也会随之调低未来经济增长的预期。现如今,石油价格已经成为世界经济的"晴雨表"。石油价格升高,就意味着经济增长的不确定性增加,通货膨胀的预期逐渐升温,从而推升黄金价格。

在黄金、石油、美元这三者的关系里,黄金价格主要是用美元来计价,石油也同样是。

上世纪70年代初,二战后搭建的世界货币体系——布雷顿森林体系崩溃之后,黄金价格与石油价格双双脱离了与美元的固定兑换比例,出现了价格大幅飙升的走势。

石油、黄金与美元这三者之间,彼此既紧密联系又彼此制衡。在波动之中,它们又隐藏着相对稳定,在表面稳定之中,又存在着绝对变动。

用长期眼光看,黄金与石油的波动趋势基本是一致的,只不过大小幅

度有所区别而已。在过去四十年间，黄金与石油都是按照美元计价，而价格的波动也是相对平稳的。

黄金的平均价格约为每盎司300美元，而石油的平均价格则是约每桶20美元。黄金与石油的兑换关系为1盎司黄金兑换约16桶石油。这一比例在19世纪80年代中后期达到顶峰，当时1盎司黄金，可兑换约30桶石油。

随后，石油的价格因为供应紧张而大幅暴涨，而黄金却出现了相对滞涨现象。截至当前，1盎司黄金只能兑换约12桶石油。从当前石油与黄金的兑换比例来看，黄金价格仍然有上升空间。

再来看美元与石油的负相关关系：石油和美元是美国经济长期赖以生存的两大支柱。美国依赖美元的铸币权，以及美元在国际结算市场上的垄断地位，掌握了美元的定价权；又通过先进刚硬的军事力量，把全球近七成的石油资源，以及主要石油运输通道都掌控在自己手下，直接影响和控制了世界石油供应，掌握了石油的价格。

长期来说，当美元贬值时，石油价格上涨；而美元趋硬时，石油价格呈下降趋势。

9.3.3 经济危机对黄金价格的影响

一般情况下，经济危机对黄金的影响就是推动黄金价格上升。比如，当前欧美地区发生了主权债务危机，不少投资者担忧货币是否会弱化，比较货币是一张政府白条不是实物，所以这种经济危机就会产生黄金买入价格高涨，推动黄金上涨。

在经济危机的暴发初期，人们会把黄金当作一种替代货币，然后先行买进黄金用来避险。继而推动黄金上涨。下面是经济危机爆发的四项实例：

1. 1929年，资本主义世界爆发了第4次经济危机。经济危机期间，所有国家的商品都大幅度降价，劳动力也变得廉价，而黄金却呈现出上升趋势。相对于所有货币升值，相对于美元而言，黄从每盎司20.67美元升至35美元。

2. 1970年开始，世界主要经济体发生了经济滞胀。一方面，劳动力失业率居高不下，另一方面，通货膨胀率高达两位数，导致经济发生严重的衰退。西方各国的国家银行，都在不断地控制通货膨胀，同时刺激经济在两个目标之间进行转换。

可无论国家采取哪种政策组合，经济始终不见好转。通货膨胀率始终居高不下，这就是西方经济史有名的滞胀时期。作为对这十年高通胀低增长的反应，黄金从每盎司的35美元，暴涨到每盎司277美元。

3. 1979年，伴随着沃尔克执掌美联储后所采取的果断措施，美国治理通货膨胀的效率得到大幅度提高，但西方世界还是发生了一次严重的经济危机。这次危机一直延续到1982年。这次的经济危机虽然没有之前的几次严重，但却是全球脱离金本位和布雷顿森林货币体系后第一次经济危机。

1979年7月，在经济危机爆发的半年后，黄金价格从每盎司277美元，暴涨到历史最高价，每盎司850美元。之后，又经过了半年的下调后，再次飙升每盎司713美元。

4. 2007年8月由美国次贷危机引发的金融危机，在当年的8月才开始恶化。此时，黄金的价格是每盎司700美元。2008年3月17日，黄金上涨至此轮上涨周期的高点，为每盎司1032美元。之后，黄金市场经过反复振荡，于2008年10月创下了有史以来最大月度的跌幅后，又开始曲折向上涨。2009年2月底，又涨到了每盎司1006美元。

由上述看出，经济危机对黄金的影响就是：黄金价格上涨。

9.3.4 供求关系对黄金价格的影响

影响黄金价格的因素是黄金的供求关系：黄金的价格涨跌，是建立在供求关系的基础上的。如果黄金的产量大幅度增加，就会让金价受到影响，变得廉价；但如果生产黄金的工人出现长时间的罢工行为，或其他原因导致产量不再增加，黄金就会供不应求。在这种情况下，黄金的价格将会上涨。

此外，新采金技术的应用，以及新黄金矿的发现开采，都能让黄金的供应量增加。在黄金市场上的表现，就是价格下跌；如果某个地方出现了投资黄金的热潮，例如在日本出现的黄金投资热潮，则黄金投资的需求量大大增加，也导致了黄金价格的节节攀升。

黄金是非可再生性资源，因此，黄金在短期供给的弹性比较小，在没有大型的新油田被发现，或没有重大技术创新出现时，影响黄金价格最主要的原因，就是决定黄金需求的世界经济发展状况。

那么黄金价格与供需关系到底是怎样呢？

决定黄金价格长期走势的主要原因，是黄金供需的基本因素。以飞速发展的中国、印度为代表的发展中国家来说，其强劲的经济增长速度，也让他们对黄金的需求急剧增加。这也间接地致使全球黄金价格持续走高。

世界经济增长，或超预期增长都会影响国际黄金的市场价格出现上升。

因为黄金生产量的增加，以及存量黄金进入市场的增加，导致黄金的供应能力大大提升。由于当今社会科技发展得越来越快，人类认识自然的

能力也日渐提高。有些在过去没能力发现或利用的黄金矿藏被重新发现利用，这让全球可开采的金矿资源增大了数倍，也保障了黄金生产力飞速发展的需要。

传统的产金国，如美国、澳大利亚、南非等国，尽管黄金产量稍有波动，但仍然是世界上重要的产金大国。

除此之外，有越来越多的新兴国家都跻身产金国的行列中，并且逐渐增加自己的生产份额，如中国、印尼、秘鲁、加纳、乌兹别克斯坦等国，都已跻身世界产金国的前10名，中国更是从2007年起，就始终稳居黄金产量的第一位。

现如今，全世界产金国已经有60多个，遍布世界五大洲。19世纪到20世纪的100年间，全球共生产了约1.15万吨黄金；而20世纪的前80年就生产了约7.86万吨黄金，是19世纪的近7倍，这是黄金生产的大突。

黄金进行非货币化之后，黄金货币的需求被大大地抑制，然后萎缩。此外，黄金衍生物合约的发展，也减少了实金投资的实际需求量。

虽然黄金商品需求的增加使黄金总需求量有所增长，但与供应量的增长潜力及现实表现相比；增长动力明显不足，不足以抵消黄金货币需求减少的向下拉力，并且近年来黄金需求总量也已开始萎缩，因此出现了一个黄金需求相对不足的历史阶段。

零基础投资理财课 Lingjichutouzilicaike

第十篇 房地产

10.1 房地产投资的基本概念

一提到房地产投资，不少人都觉得是买房、卖房或者是租房。其实，这些都只是房地产投资里的一小部分。投资房地产所涉及到的资金数额都比较庞大，因此，房地产投资者需要全面了解房地产投资的知识，谨慎对待投资。

10.1.1 房地产投资回报的计算

投资者选择投资房地产，自然是希望自己投的房产能够升值，然后获取投资回报。那么，判断房产升值的潜力就是投资者必须要考虑的一个问

题了。总体来说，影响房产升值的因素主要有如下4点：

1. 房产所处的地段。这是影响房地产价格最重要的原因，且在地段影响要素中最为显著的当属交通状况。一条公路或地铁的修建，都有可能让这片地产"变废为宝"，让周边的房价直线上涨。随着交通设施的完善，会让市郊结合部具有更大的升值空间。

2. 房产总体规划。在投资时，最应看重的当属房地产的未来价值。因此，投资者应当把眼光放远，虽然有些房产项目在眼前看来略显荒凉，但如果在未来规划中确定会有较完善的商业设施、娱乐休闲设施、文化体育设施等，那这些地产项目也会有很大的价格上涨空间。

3. 房产周边环境。主要包括生态环境、人文环境和经济环境等。比如房产周围是否有园林绿地的开辟，能让房产周围的空气改良、噪声减小，以及房产周边配套的商业和生活设施等，都会成为影响房产升值潜力的因素。

4. 房产质量品质。良好的设计质量和建筑质量是房产具有较大升值空间的前提。另外，专业的物业管理等服务也会影响到房产品质的高低。投资者在购买房产的时候，需要综合考虑这些因素。

了解好影响房地产升值的因素，能够帮助投资者更准确地选择房地产项目。那么，如何知道自己投资的房地产回报的价值是多少呢？这里我们给出3种基础的价值计算方式。

1. 投资回收期计算

投资回收期考虑了租金、价格和前期的主要投入，可以估算资金回收期的长短。其计算公式为：

（首期房款+期房时间内的按揭款）/（月租金－按揭月供款）× 12 = 投资回收年数

一般来说，回收年数越短越好，合理的年数在8年到10年左右。

举个例子：

一套房子有40平方米，总房价为20万元。投资者需要缴付首付6万元，剩余的分20年还清，即每月缴付1000元，租金为每月1500元，投资回收期年数为12年。实际上，投资者并不划算。因为租金若上涨到2000元，投资回收期就是6年，这样才会有不错的利润回报。如果随着房贷支出的增加，租金却没有变化，那就有可能出现延长回收期而导致的投资失败。

2. 租金回收率计算

如果有足够的资金可以直接买房而不需贷款，则可以计算租金回收率。其计算公式为：

（税后月租金－每月物业管理费）×12/购买房屋总价＝租金回报率

利用这个公式，投资者可以算出每年投资房产的回报率。比如，在上一个案例中，月租金为1500元、物业费为100元，则租金的回报率是8.4%。

通过这个公式，投资者可以大致清楚自己所投的房地产项目究竟有没有价值，继而判断是继续出租还是直接卖掉。

如果房产的租金回报率为3.4%，而还贷的利率却高达5.5%，那么最佳的投资选择还是出售，这样才能一次性把成本收回，另外还能赚一笔利润。

3. 15年国际通用评估物业法

"15年国际通用评估物业法"的意思是说，如果某处房产15年的年收益等于房产的购买价，那么该房产是物有所值的，可以入手；如果该房产

15年的年收益大于房产的购买价,那么该房产具有一定的升值空间;如果该房产15年的年收益小于房产购买价,那么就意味着该房产的价值被高估了。

在计算获取房产出租的收益时,从表面上看房屋租金的高低就能大致上决定整体的房产年收益。但不少投资者都不知道,出租年收益的高低并不一定取决于月租金的高低,还和房屋出租空置时间的长短紧密相连。

举个例子:

王女士和霍先生住在同一小区,各有一套三居室的房屋出租。按照市场价,该小区的租金三居室为每月1500元,空置期为一个月。

由于王女士的租价为每月1600元,比市场价高出100元,导致她的出租空置期达到了两个月。而霍先生则按照市场价出租,只空置了一个月,房子就被租出去了。

这样计算,虽然王女士的月租金要比霍先生高,但如果按照全年的总收益来计算,霍先生的收益将比王女士高出500元。因此,投资者要学会把空置时间合理转化为有效收益。

事实上,在计算房地产投资回报时我们还要考虑到税费的成分。税费是很重要的一笔购房成本,对于购房的个人来说,房屋买卖所需要缴纳的税费主要包括以下3种:

1. 契税:征收的标准是按照房屋买卖成交价的3%-5%收取,全部由买方负担。各类公有制单位为解决职工住房而采取集资建房方式建成的普通住房或由单位购买的普通商品住房,如所属职工首次购买住房,免征契税。

2. 印花税：对房屋买卖双方要缴纳印花税，印花税要贴在房屋买卖契约正本上，按照房屋买卖成交价的0.3‰交纳。

3. 营业税：转让土地使用权、销售不动产的单位和个人，为营业税的纳税义务人，应纳税额为转让土地使用权、销售不动产及其他附着物营业额的5%。

除了需要缴纳一定的税费外，房产买卖过程中还会有其他的费用产生，如手续费、登记费、维修基金费和证书工本费等等。

10.1.2 房地产投资的优势

投资就是为了拿到收益，房地产投资也不例外。选择房地产投资，无非是看中了房地产投资的优势。与股票、基金、黄金、外汇和期货相比，房地产具有独一无二的特性，其具体有以下三条：

1. 房地产是一种耐用消费品

衣食住行是人类的必要需求，而房地产自然是人们生活的必需消费品。但房地产与一般的消费品又有不同，通常情况下，房产的寿命都在百年以上，最少的寿命也有几十年，比如产权期限为70年。这种长期耐用性，就给投资者提供了广阔的盈利机会与时间。

2. 房地产的价值相对比较稳定

与其他消费品相比，房地产具有相对稳定的价值。科技的进步、社会的发展对房地产的影响相对较小。不像一般消费品，比如汽车、电脑、家用电器等，这些科技类产品只会随着科技水平的不断发展而价格不断下降。所以，房地产具有较好的保值增值功能。

3. 房地产具有不断升值的潜力

土地资源是不可再生资源,由于土地的稀缺性,以及人口的上升、生活水平的提高,整个社会都对房地产的需求越来越大,致使房地产长期处于上升阶段。具体点说,人总是要住房子,而且还有不断改善住房条件的需求。这些需求,都给房地产投资者带来了可预期的收益。

10.2 房地产的生财妙招

房地产包含了房产和地产,即房屋和土地两个概念。房地产投资包括居住住宅投资、商铺投资、写字楼投资、车位投资、楼层投资等。

在这5个投资方向中,最传统的就是住宅投资。楼层投资是用于整体开发的投资,比如整租给其他人做商业用途,或者是开一些经济型酒店等。对于一般投资者而言,住宅投资和商铺投资是主要方向,尤其是住宅投资。

10.2.1 新房投资

投资者在投资新房的时候,免不了会跟开发商或开发商代理销售打交道。然而,由于我国的房地产市场规定还不健全,还有不少不规范的地方,导致开发商抱着信息不对等的心理,在销售自己的房产时都只把好的一面呈现给大众。如此一来,就需要投资者自己擦亮双眼,免得将来造成损失。

投资者在购买新房前应当向售楼人员要求查看该房产项目的资质证件,其证件主要包括以下五本,又被称作"五证":

1. 计委立项、可行性研究的批件,表明建设工程符合城市规划。

2. 规划局的"规划使用证",表明建设项目位置范围符合城市规划。

3. 国土局的"土地使用证",证明卖方已交纳了土地出让金,拥有产权保证。

4. 建委的"开工许可证"。

5. 房管局的"商品房预售许可证"。

其中,投资者最应当关注的是"土地使用证"和"商品房预售许可证"。它表明所购房产属合法交易范畴。

在对房产的资质进行考察后,投资者还要对房产本身进行一系列的考察。投资者可通过看楼书、沙盘、向售楼人员咨询来仔细了解房产的一些详细情况,具体包括:房产的位置、朝向、小区规划、房屋的户型结构、层高、面积等。

由于房屋的面积平米数是决定房产价格的重要因素,所以不少开发商都会在房产面积上"做文章",以求榨取更多的利润。因此,投资者在前期要明确房产的实际面积。

房屋的面积包括"套内建筑面积"和"共有建筑面积"两种计量方式。

1. 套内建筑面积:指的是套内使用面积、套内墙体面积及套内阳台建筑面积三者相加的面积,也就是房屋内全部可供使用的空间面积。阳台建筑面积,指的是阳台地面底板外沿在水平面的投影。套内阳台建筑面积,指的是套内各阳台建筑面积的总数。

2. 共有建筑面积:指的是由整栋大楼的产权人共同所有的,整栋楼公用部分的建筑面积。共有建筑面积具体包括:各产权户的电梯井、管道井、楼梯间、垃圾道,配电室、设备间、公共门厅、地下室,值班警卫室,以及为整幢房屋服务的共有房屋和管理房屋。对于产权人来说,能够

独立使用的地下室、车棚、车库,以及为多栋房产服务的警卫室、管理用房,以及作为人防工程的地下室都不应当算入房产的共有建筑面积里。

共有建筑面积,是由一栋房产的产权人共同分摊承担的,其分摊原则是:产权各方有合法权属分割文件或协议的按文件或协议规定执行;产权各方无产权分割文件或协议的可按相关房屋的建筑面积比例进行分摊。

10.2.2 二手房投资

二手房,指的是相对于开发商手里的商品房而言,在市场上流通的房产。以房屋产权证为依据,凡是产权清楚明了,且经过一手买卖之后再行上市的房屋,均可被称作二手房。

由于二手房一般都具备生活配套完善、交通便利、周转快、即买即住即租等等特点,因此,二手房已成为众多投资者眼中的"香饽饽"。

但是,在投资者购买二手房时有以下5点需注意:

1. 根据目的选择住房。购买二手房时要确定自己买房的目的,是自住还是要用于投资,根据需要再行选择房屋。如果用于投资,就要从房产是否有升值潜力、是否有广泛的租客来源等方面来进行衡量。

2. 仔细考察周边环境。买房时,不能只关注房屋本身的状况,周边环境也同样重要。比如小区环境,是否有完善的市政配套和生活设施,停车位是否紧张,安保是否健全,是否有污染源等等,这些因素在购买房产时都需要考察清楚。

3. 全面了解房产背景。比如该房产的产权是否明确,有无存在抵押或其他纠纷,该小区的物业管理如何?有没有发生过一些负面的情况,比如物业管理是否负责、有没有出现过偷盗事件等等。

4. 关注户型设计。有些房屋户型设计差，很难利用好室内空间，但由于房屋墙体难以变动，也就无法对其进行改造，这在将来转手时会有隐患。

5. 房龄大小不容忽视。有些地方会规定，超过10年房龄的二手房已经得不到银行的贷款支持。因此，房龄过老的房产由于其房屋的内在价值已逐年降低，投资者在投资时应考虑清楚。

由于目前的房地产市场还不规范，与一手房交易相比，二手房又具有较大的"信息不对等"性，所以无论买房者是投资还是自住，都需要把二手房的交易程序了解清楚，以免上当受骗。

二手房的交易流程大体上分为以下5步——

1. 委托：投资者应当先与信誉良好的代理公司或地产经纪人进行沟通，再由地产代理人为客户寻找符合客户要求的楼盘，随即进入实地看楼阶段；

2. 核实产权：在买卖双方都有了明确的购买意向后就开始商量价格了。在价格协商完毕后，由房产经纪人负责查证房产的背景资料，比如房产的物业产权是否明确、能否正常上市交易、有无被法院查封或抵押等情况。这些都应当进行具体查证。

3. 签约：由买卖双方及中介方共同签署"临时买卖合约"。在此环节，一般买家要支付楼价的5%-10%作为订金或定金预付给业主。

4. 贷款：若买方要求办理银行按揭贷款，则需备好身份证、户口本、收入证明等相关资料到选定的银行进行办理。

5. 过户：产权过户登记必须要经过当地房屋土地管理局才算是办完了房屋过户手续。此时房产才真正属于买方。

在交易过程中买卖双方订立合同时，有的卖方要求买房交付一定的预

付款或订金，有的则要求买方交付定金。

在这里，投资者应注意预付款、订金同定金的法律作用是大不相同的——

预付款

预付款是一种支付手段，其目的是为了解决合同某一方周转资金短缺的问题。需要注意的是，预付款并不具备担保债履行的作用，也不能证明合同的成立。如果收受预付款的一方违反了合同约定，只需要返还所收款项即可，无须双倍返还。

订金

根据我国现行法律的有关规定，订金与定金具有不同的性质。比如，交付订金的一方主张定金的权利，法院是不予支持的。通常情况下，交付订金与交付预付款的性质相同。如收受订金的一方违约，只须退还所收受的款项即可，无须双倍返还。

定金

在订立房屋买卖合同时，为了保证合同的履行，规定由买方先付给卖方一定数额的金钱。合同履行后，定金应当收回，或抵作价款。给付定金方如不履行合同就失去了定金的所有权，无权索要定金。接收定金方如不履行合同，应当双倍返回定金。这样，当事人为了避免受制裁，从经济利益上考虑，会促使自己认真履行合同。

总之，订金、预付款和定金一样都能起到预先给付的作用，但具有担保作用并能证明合同成立的只有定金。在签订合同时，消费者应谨慎区别三者的性质，防止落入圈套而蒙受损失。

投资者在购买二手房后，就希望其能为自己带来更多的收益。有的投资者是为了再将其加价转手出售，有的投资者则是为了长期出租，以赚取

租金的利润。

10.2.3 商铺投资

除了住宅的投资外,产权式的商铺投资也是房地产投资中的主流项目。

产权式商铺,指的是商铺业主出于投资的目的,把产权商铺通过发展商或第三方公司整体委托给品牌经营商进行统一经营,商铺业主获得定期定额的投资回报。

产权式商铺的核心性质就是所有权和经营权分离。同住房投资相比,投资商铺具有以下几点优势:

1. 投资起点低:每个商铺的单元面积都较小,所需要投入的金额也较少。相比于大型住房投资,商铺投资更适合中小投资者的投资需求,助其实现个人财富的保值增值和稳定回报。

2. 投资回报稳定:商铺一般都地处繁华闹市或商圈,且由专业的商业管理公司经营管理,因而发展前景广阔、回报收益可观。

3. 操作模式务实:产权式商铺在实际操作模式上一般为投资者提供固定的租金收益及一个较长的租约期限,统一进行经营管理,可将投资风险降至较低。

4. 经营管理省心:由于是通过发展商或第三方公司承租,在较长的租赁期内投资者常常无须直接亲自打理,只需坐等收取租金和投资回报即可,省心省力。

当然,投资商铺虽然拥有独特的优势,但如果投资者对商业地产的运作并不熟悉,也是很容易受到开发商一家之言的影响,继而做出错误投资

选择的。

因此，在投资商铺时要注意以下几点——

1. 选择经营潜力好的商铺。商铺是房产投资中比较特殊的经营性产品，其价值的发挥很大程度上取决于后期的成功运营，因此选择商铺应考虑一些未来有潜力、能够持续经营的商铺。

2. 对投资能力要量力而行。目前市面上地段稍好的商铺单价都较贵，一套小商铺就动辄几百万元。因此，投资者一定要量力而行，不要因为贪图便宜而误买了存在缺陷或带有较高风险的商铺。高价商铺可能会造成投资者收益的漫长周期，但单价低的商铺亦可能会潜藏更大的风险。

3. 对商铺进行全面考察。买商铺要有风险意识，要考察清楚是否有与其售价相匹配的高商业收益。而且商铺的地段、周边的配套和设施变迁，都是投资者不容忽视的。

我国早就有"一铺养三代"的说法，但投资商铺并不是一点风险都没有，其投资风险甚至高于投资住宅房产。因此，投资者在投资商铺的过程中一定要注意防范风险，以免被商铺所"坑"。

由于投资者将商铺委托给开发商规定的商业运营公司经营后，商铺的经营好坏与开发商之间就没有实质性的利害关系了，因此如果商业运营公司一旦经营失败，那么投资者极有可能无法获得合同上约定的投资回报。

所以，为了规避这种风险，投资者可以与开发商签订商铺租赁合同，以稳定收取租金。

10.3 房地产投资项目风险

投资房地产所需的资金，通常会比股票、基金、黄金和期货更多。因

此，投资者在投资房地产时更应当谨慎对待。投资者需要掌握一定的投资原则和技巧，不要抱有"投资房地产就一定稳赚不赔"等心理。

在房地产投资领域，因为投资失误而背负巨债的也大有人在。投资者对房地产投资的风险必须要引以为戒，做到心中有数。

与其他投资产品一样，房地产投资也有自身的风险。了解房地产投资项目的风险，继而规避风险、克服风险，才是投资者最关心的事。

10.3.1 房地产投资的风险种类

正如前文所说，任何投资都是伴随着风险的，房地产市场也存在很多不确定性。投资房地产对于一名普通投资者来说，动用的资金比例相对较大。因此，投资者更应当认清投资风险，做到未雨绸缪。

具体来说，投资房地产的风险主要有以下四点——

1. 资金流动性差。房地产属于不动产的一种，本身就具有固定性的特点。与房地产相关的变化，大部分需要一个较长的时期，其变现能力比较差。

2. 价格波动大。虽然房地产的储值能力较强，但其价格也容易受到政治、经济、金融产业等因素影响，比如政策变化、经济风波、金融震荡和战乱等情形，都会令房地产的价格下滑。

3. 信息不对称。当前的投资市场最大的风险就是信息不对称。不对称或不完全对称的房地产市场信息严重扰乱了市场的秩序，还干扰了当前房地产调控政策的制定与实施。信息不对称致使房地产市场的乱象迭起，也让投资者对房地产的预测难度加大。

4. 人为损坏与自然风险。由于事故过失以及人为的故意损坏行为，还

有不可控的自然灾害的发生，让房地产投资随时都有可能面临巨大损失。

10.3.2 如何预防房地产投资风险

近年来，我国不断对房地产市场进行一系列宏观调控，投资房地产的风险又增加了一条政策性风险。因为没人能够预知国家未来会制定怎样的宏观政策，这条政策又会给房地产投资带来怎样的震动。这就要求投资者经常关注经济形势，从国家的宏观政策方面对房地产市场的未来走势有个大致判断。

除了以上风险外，投资者在买房过程中还需要注意以下3点，以避免落入陷阱：

1. 投资者在签订合同前需要详细了解开发商的背景，毕竟实力雄厚且口碑俱佳的房地产开发商对投资者而言更有保障。

2. 在办理产权的过程中，国家对房地产有着诸多的时间规定。比如30天要去备案、60天开发商办理权属备案、90天后才能办理产权证等。投资者应对国家的规定有一定的了解。

3. "二手房"按揭过程中，如果买方只支付了首付款而恶意拖延办理按揭分期的手续时间，或者在办理过户手续之后再申请按揭，都有可能让交易不成功。这也是需要投资者注意的方面。

总之，只要对房地产的风险进行预测和规避，就能让投资者在房地产投资市场上减少损失、获取收益。

第十一篇

期货期权

11.1 什么是期货?

从字面上就可得知,期货是与现货完全不同的理财产品。现货是指实实在在的,可以交易的商品;而期货主要不是指货,而是以某种大众产品,比如大豆、棉花、石油等,以及金融资产,比如股票、债券等产品的"标"的标准化进行可交易的合约。

因此,这个"标"的对象可以是某种商品,比如农产品、原油、黄金等,也可以是金融工具。

11.1.1 期货与期货交易

期货是当前进行买卖,但是在将来进行交收或交割的标的物。这个标

的物可以是某种商品例如黄金、原油、农产品,也可以是金融工具,或金融指标。交收期货的时间可以是一星期之后、一个月甚至一年之后。

期货交易就是在现货交易的基础上发展起来的新型交易品种,也是通过在期货交易所买卖标准化的期货合约而进行的一种有组织的交易方式。

需要注意的是,期货交易的对象并不是标的物(即商品)的实体,而是标的物的标准化合约。期货交易的目的,就是为了转移价格风险,或是为了获取风险利润。交易者可以通过期货交易的特征,对其进行详细的了解——

1. 双向性

期货交易与股市相比,最大的一个区别就是期货能够进行双向交易。期货能够买多,也能够卖空。在价格上升的时候,能够低价买入、高价卖出;在价格下跌的时候,能够高价卖出、低价买入。

在熊市中,股票市场会萧条,而期货却能够风光依旧,其主要原因是期货做多了能赚钱,做空了也能赚钱,就也是"期货无熊市"的原因。

2. 费用低

国家不会对期货交易征收印花税等税费,在期货交易中唯一需要缴纳的费用就是交易手续费。国内三家交易所的手续都在万分之二到万分之三左右,再加上经纪公司的附加费用,单边手续费也不够交易额的千分之一。低廉的费用是成功的保证。

3. 杠杆作用

杠杆原理可以说是期货交易的最大亮点。在期货市场里进行交易,无需支付全部资金。在我国,只需支付5个点的保证金就能获得期货交易的未来交易权。由于保证金的运用,原本的行情会以十几倍被放大。

举个例子,某天,大豆的格封涨停,在期货里,涨停仅为上个交易

日结算价的3%。如果操作对了，资金利润率就能达到60%，即3%÷5%之多，是股市涨停板的6倍。

4. 机会翻番

期货是"T+0"的交易，能让投资者的资金运用达到极致。在投资者把握了趋势后，就能够随时进行交易，随时平仓了。方便的进出还能够增加投资的安全性。

5. 大于负市场

期货属于"零和市场"，因为期货市场本身不能创造利润。但在某一时段内，如果不考虑资金的出入与提取交易的费用，期货市场的总资金量是固定不变的。市场参与者的盈利，都来自于另一个交易者的亏损。

11.1.2 期货的品种

期货合约交易单位是"手"，即交易者在期货交易中必须以"一手"的整数倍来进行交易。对于不同的交易品种、对于每手合约的商品数量，都应当在该品种的期货合约中加以注明。合约里还包括买卖双方的权利和义务。

从广义上分，期货的品种有以下两种，分别是商品期货和金融期货。商品期货包括工业品、金属商品（贵金属与非贵金属商品）、能源商品、农产品、其他商品等；而金融期货则主要是指传统的金融工具，比如股指、利率、汇率等。

从狭义上分，期货的品种主要有以下七种——

1. 农产品期货：如大豆、豆油、豆粕、籼稻、小麦、玉米、棉花、白糖、咖啡、猪腩、菜籽油、棕榈油。

2. 金属期货：如铜、铝、锡、铅、锌、镍、黄金、白银、螺纹钢、线材。

3. 能源期货：如原油（塑料、PTA、PVC）、汽油（甲醇）、燃料油。新兴品种包括气温、二氧化碳排放配额、天然橡胶。

4. 股指期货：如英国FTSE指数、德国DAX指数、东京日经平均指数、香港恒生指数、沪深300指数等等。

5. 利率期货：利率期货是指以债券类证券为标的物的期货合约，它可以避免利率波动所引起的证券价格变动的风险。利率期货一般可分为短期利率期货和长期利率期货，前者大多以银行同业拆借中场3月期利率为标的物，后者则大多以5年期以上长期债券为标的物。

6. 外汇期货：又被称为货币期货，是一种在最终交易日按照当时的汇率将一种货币兑换成另外一种货币的期货合约。是指以汇率为标的物的期货合约，用来回避汇率风险。它是金融期货中最早出现的品种。

7. 贵金属期货

主要以黄金、白银为标的物的期货合约。

11.1.3 期货交易的准备工作

中国有句老话，叫作"凡事预则立，不预则废"。在期货交易中也是如此，投资者应在期货交易进行之前充分地做好准备工作。尤其是新手投资者，只有做足了前期功课，才能在刺激多变的期货市场中获得利润。

总体来说，期货交易需要做好以下四方面准备工作：

一、透彻了解期货合约。这是让投资者的期货交易迈入成功的第一步。交易者绝对不能忽略期货合约。很多交易者觉得期货合约是交易所统

一设计的一种标准化合约，里面的内容任何交易者都无权更改，所以就忽略了这一步。其实这是错误的行为，也是不好的习惯。

二、熟悉期货行情。期货行情是反映价格的主要因素，期货的价格无疑是交易双方都十分关注的重点。因此，熟悉期货行情是非常必要的。熟悉期货行情，主要是熟悉和精通期货行情的两方面内容：第一，可以看懂期货行情；第二，掌握期货价格的分析方法。

三、选择优质的期货经纪公司。期货经纪公司是把交易者与交易所连接起来的纽带，一个优质的期货经纪公司能让对交易者的投资更容易成功。在选择经纪公司时，可以掌握以下几条标准：

1. 依法经营情况

选择优质的期货经纪公司，首先要熟悉许可制度。其是由中国证监会按照业务种类颁发许可证。交易者在选择期货经纪公司时，要确认其是否经过中国证监会批准设立，并取得了相应的业务许可。

2. 开展业务领域

当前，我国有超过150家期货经纪公司。投资者可以根据自己的需要，选择最适合的期货经纪公司。要注意，就算是具有相同业务牌照的期货公司，其业务的重点、水平也良莠不齐。因此，投资者需要事先对其进行充分的了解，再根据自己的需要做出选择。此外，期货公司的所在地、营业部数量及分布等都是投资者在选择期货经纪公司时需要考虑的因素。

3. 诚信及财务状况

期货经纪公司最重要的就是诚信问题。因此，投资者在选择期货经纪公司前应当对其诚信及财务状况有所了解。期货公司的财务状况包括净资本、净资产、权益总额、手续费收取、净利润等。运营规范及财务良好的期货公司能够带给投资者更好的服务，保障投资者的交易及资金安全。

4. 信息技术水平

当今时代是信息时代，信息技术也覆盖了期货交易的各个环节。信息技术是期货行业的重要基石，也是期货市场安全稳定运行的核心。在保护投资者合法权益、推动市场发展创新的过程中，信息技术起到了重要作用。因此，投资者在选择期货公司时有必要了解其信息技术水平，避免期货经纪公司因交易软件、期货公司交易系统故障而引发交易的损失。

5. 收费及服务情况

投资者在选择期货公司时，应当充分考虑到对方的收费情况及服务情况。期货经纪公司的收费，构成了投资者交易成本最主要的部分。因此，投资者应当选择一家收费合理、服务良好的期货经纪公司。

四、制定市场策略。投资成功的关键，就是有一个正确的市场投资策略。在确定市场策略的过程中，投资者要确定哪种交易行为才是最适合自己的。这需要交易者在交易的期货品种和数量以及交易时间与交易方式等方面做好准备工作。

11.2 期货投资的策略

为了让投资者能够更好地进行期货投资，了解期货交易和期货市场的情况是非常必要的准备工作。在投资期货过程中，投资者需要根据不同的目的制定不同的投资策略。对于一般投资者来说，投机和套利是主要的获利方式，但另外还有套期保值的投资者。下面就来介绍一下这三种投资策略。

11.2.1 套利策略

套利,又被称作套期图利。套利是指投资者在期货市场中,利用不同月份、不同市场、不同商品之间的差价,同时买进和卖出不同种类的期货合约,并从中获得收益的交易行为。

因为商品的现货价格和期货价格经常会存在差异,同类商品在不同交割月份的合约价格之间也存在差异,同种商品在不同交易所的交易价格变动也存在差异。这些差异的存在,就产生了投资者投资期货市场的套利交易行为。

具体来说,通过套利交易获益的方式有以下3种:在合约持有期,空头的盈利高于多头的损失;在合约持有期,多头的盈利高于空头的损失;两份合约都盈利。

举例来说,投资者注意到,4月份的花生油和6月份的花生油,其价格差异都超出了正常的交割、储存费。在这种情况下,投资者应当买入4月份的花生油合约,再在6月份卖出花生油的合约。

之后,当6月份的花生油合约和4月份花生油的合约更加接近,而缩小了两个合约的价格差的时候,投资者就能从价格差的变动中获取收益了。

1. 一般来说,对投资者有用的东西叫作跨月套利。跨月套利指的是投资者在同一市场上,利用同一种商品的不同交割期之间的价格差距的变化,买进某一交割月份期货合约的同时,卖出另一交割月份的同类期货合约,以谋取利润的活动。

说白了,就是利用同一商品期货合约的不同交割月份之间的差价的相对变动来获取一笔收益。跨月套利和商品的绝对价格没有关系,只和不同

交割期之间的价差变化趋势有关。

2. 而在套利交易中,最为普遍的便是跨期套利了。也就是利用同一商品但不同交割月份之间正常价格差距出现异常变化时进行对冲而获利的,又可分为牛市套利和熊市套利两种形式。例如在进行牛市套利时,希望近期合约价格上涨幅度大于远期合约价格的上涨幅度;而熊市套利则相反,期望远期合约价格下跌幅度小于近期合约的价格下跌幅度。

3. 跨市套利指的是在不同的交易所之间进行套利交易的行为。当同一期货商品合约在两个或更多的交易所进行交易的时候,由于区域间的地理差别,每个商品合约间都会存在一定的价差关系。因此,投资者在做跨市套利的时候应当注意影响各市场价格差的几个因素,比如运费、关税、汇率等等。

4. 跨商品套利指的是利用两种不同的但相关联商品之间的价差进行交易,例如金属之间、农产品之间、金属与能源之间等都可以进行套利交易。

交易者之所以进行套利交易,主要是因为套利的风险较低,套利交易可以为避免始料未及的或因价格剧烈波动而引起的损失提供某种保护,但套利的盈利能力也较直接交易要小。

套利的主要作用:一是帮助扭曲的市场价格回复到正常水平,二是增强市场的流动性。

11.2.2 套期保值策略

期货市场基本的功能之一,就是给现货企业提供价格风险管理的机制。投资者为了在期货市场中避免价格风险,最常使用的方法便是套期保

值了。

套期保值指的是现货企业利用期货市场来抵消现货市场中价格的反向运动的过程。套期保值按照在期货市场上所持的头寸，又分成卖出套期保值与买入套期保值两部分。

1. 卖出套期保值：套期保值者首先卖出期货合约，持有空头头寸。投资者用这种方式来保护其在现货市场中的多头头寸，其目的是避免价格下跌时所带来的风险。这种方式经常会被农场主、矿业主等生产者和仓储业主等经营者所采用。

2. 买入套期保值：是套期保值者首先买进期货合约，持有多头头寸。投资者用这种方式来保障其在现货市场的空头头寸，其目的是避免价格上涨时所带来的风险。这种方式经常被加工商、制造业者和经营者所采用。

套期保值的关键是"基差"。基差指的是某一特定商品，在某一特定时间和地点的现货价格，与该商品近期合约的期货价格之差。即：基差=现货价格-期货价格。

在商品实际价格的运动过程中，基差一直都处在不断变动之中。对一个套期保值者而言，基差的变动形态是至关重要的一件事。

在期货合约到期的时候，现货价格与期货价格会趋于一致，而基差则会表现出季节性变动趋势。在这种情况下，套期保值者可以通过期货市场来降低价格波动所带来的风险。对于投资期货的普通投资者来说，要明白套期保值者的存在，就意味着知道他们有可能发生作用的市场价格。

套期保值：是指买入或卖出的期货，和现货的市场数量相当，可交易方向能与之相反的期货合约，以期在未来的某一时间通过买入或卖出的期货合约来补偿现货市场价格变动所带来的实际价格风险。

套期保值的类型，从广义上又可以分为买入套期保值和卖出套期保

值。

1. 买入套期保值是指通过期货市场买入期货合约以防止因现货价格上涨而遭受损失的行为。

2. 卖出套期保值则指通过期货市场卖出期货合约以防止因现货价格下跌而造成损失的行为。

套期保值可以说是期货市场产生的原动力。不管是农产品期货市场还是金属、能源期货市场，其产生都是在生产经营过程中所面临的现货价格剧烈波动，继而引发的风险自发形成的买卖远期合同的交易行为。

这种远期合约买卖的交易机制经过不断完善，例如将合约标准化、引入对冲机制、建立保证金制度等，形成了现代意义上的期货交易。企业通过期货市场为生产经营买了保险，保证了生产经营活动的可持续发展。

可以说，没有套期保值，期货市场也就不能称之为是期货市场了。

11.2.3 投机策略

投机一词最早用于期货、证券交易行为中，但它并不是一个"贬义词"，而是一个"中性词"。

投机是指投资者根据自己对市场的判断，把握住投资机会，利用市场出现的"价差"进行买卖，并从中获取利润的交易行为。

投机者可以"买空"，也可以"卖空"。而投机的目的很简单，也很直接——获得价差利润。但投机也是有风险的，根据持有期货合约时间的长短，可以把投机分成三类——

第一类是长线投机者，这种交易者在买入或卖出期货合约后通常会把合约拿在手里几天、几个星期甚至是几个月，等到价格对其有利时才会把

合约对冲。

第二类是短线交易者，一般都是进行当日交易，或某一交易节的期货合约买卖，其持仓不会过夜。

第三类是追逐小利者，又被称为"抢帽子者"。他们的技巧是利用价格的微小变动进行交易来获取微薄的利润。在一天之内，他们能够做多个回合的买卖交易。

而投机者是期货市场的重要组成部分，也是期货市场中不可或缺的重要润滑剂。投机交易增强了市场的流动性，也承担了套期保值的交易转移风险。可以说，投机交易是期货市场正常运营的保障。

在进行投资期货时所采取的投机策略就是在期货市场上，用获取价差收益的方式进行的期货交易行为。"价差投机"是投机者通过对价格的判断，在认为价格会上涨的时候买入、在价格下滑的时候卖出。也就是等待有利时机，再买入或卖出原期货合约，以获取利润的活动。

进行价差投机的关键，就在于投资者对期货市场的价格变动趋势所进行的分析预测是否准确。由于影响期货市场价格变动的因素甚多，特别是一些投机心理等偶然性因素都是很难被预测到的，因此投资者对其正确判断的难度较大，这种投机的风险也较大。

要成为一个合格的投机者，主要有4个基本要求，即：合理的期货交易计划；可以正确预测价格；能够很好地管理资金；能够避免不必要的失误。这4个基本要求也包括如下内容——

1. 合理的期货交易计划：期货交易是一种风险性很高的投资方式，这就要求每名投资者都要做好准备，不打无准备之仗。所以，投资者要制定合理的交易计划。

其包括：所选择的交易商品、资金抵御风险的能力、交易中的盈利目

标和亏损限度、投资商品的市场分析、交易的入市时机等。

2. 良好地管理资金：每个期货投资者都希望用一定的本金去换取更大的利润，也就是通过期货投机获取利润。所以，投资者需要根据投资收益的设想建立一个具体的交易目标，并明确在获利的同时也伴随着极大的风险。

投资者同样应当设置可以承受风险的资金标准。

3. 正确预测价格：这是成功投资的关键与前提。商品的价格处在不断的变化发展中，这些波动决定了商品是否能够盈利。期货投机成功的关键就在于投资者能否准确预测价格。市场作为一个整体会对价格进行预测，当前的价格则是市场参与者的综合预期。

4. 避免不必要的失误：期货投机中的失误有很多，其主要包括：交易资金不足，造成正确的预测没有机会发挥作用；以很小的价格变动进行交易，收益被手续费抹平；超出投机者能力的交易，或是交易那些并不了解的品种；急于获利而拖延了止损，直至深度亏损。

11.3 期货交易的风险

一提到投资期货，不少投资者都觉得这是一项很高深的投资，不是一般人能"玩得起"的。因为他们看到了期货交易隐藏的巨大风险，害怕稍有不慎就会造成无法挽回的损失。

11.3.1 期货交易风险种类

作为一名新入期货市场的投资者，最需要搞明白的一点就是期货交易

中究竟存在哪些风险。只有对期货交易中的风险有所了解，才会知道该怎样控制这些风险。

期货交易的风险种类主要有以下五条——

1. 经纪委托风险：对于投资者，尤其是新手投资者来说，选择一个优质的期货经纪公司很重要，因为客户在与期货经纪公司确立委托关系的过程中很容易产生风险。在选择期货经纪公司时，客户应当对期货经纪公司的规模、资信、经营状况等加以对比选择，在确立了最佳选择后再与该公司签订合同。

2. 市场风险：在期货交易中，投资者面临的最大风险来自于市场价格的波动。正是这种价格波动给投资者带来了交易盈利或损失的风险。由于杠杆原理，使市场的投资风险变得更大了。

3. 流动风险：这种风险产生的原因是由于市场流动性差，期货交易很难迅速、及时地成交。流动风险在客户建仓与平仓时表现得尤为突出。建仓时，投资者很难在理想的时机和价位入市建仓，难以按照预期的构想操作，套期保值者不能建立起最佳套期保值组合，平仓时则难以用对冲的方式进行平仓。

4. 强行平仓风险：期货交易实行由期货交易所和期货经纪公司分级进行的每日结算制度。在结算环节，当期货价格波动较大、保证金不能在规定时间内补足时，交易者可能会面临强行平仓的风险。

5. 交割风险：期货合约都有期限，在合约到期时，所有未平仓合约都必须进行实物交割。因此，不准备进行交割的客户应在合约到期之前将持有的未平仓合约及时平仓，以免承担交割的责任。新入市的投资者应尽可能不将手中的合约持有至临近交割时，以避免陷入被"逼仓"的困境。

导致期货市场上风险形成的原因，总结起来主要有以下四点——

1. 价格波动

就像之前提到的,价格波动是导致期货风险最主要的原因。在期货市场上,现货价格波动会导致期货价格波动,而且期货与现货不同,其价格具有远期性与预期性,这也就意味着期货交易市场上会出现更多不确定因素,加之期货市场特有的运行机制会让波动加剧,导致期货价格频繁变动,继而产生较高风险。

2. 杠杆效应

杠杆效应是区别于其他投资工具的主要标志,也是期货市场高风险的主要原因。

3. 市场机制不健全

期货市场在运行过程中,由于相关管理法规和市场机制不健全等原因,可能会产生流动性风险、结算风险和交割风险等。

4. 非理性投机

在期货交易市场风险管理制度不健全、实施不严格的情况下,投机者会将利益置于理智之上。他们会利用资金实力、市场地位等自身的优势对期货交易市场进行操纵。这种行为既扰乱了正常的市场交易秩序,也扭曲了价格,影响到了价格发现功能的发挥,还会造成不公平竞争,给其他交易者带来较高交易风险。

11.3.2 如何控制期货风险

期货交易的风险是可以预估、可以避免,但却不能消除的,用简单的话来说——期货交易的风险就是会爆仓。

交易者在进行期货交易时,赌的是该产品在未来的走向,赌它是上涨

还是下跌（双向的）。如果交易者的预测方向错了，可以在当前的损失价位选择平仓出局。如此一来，你虽然会多少有些损失，但还是在能够承受的范围之内的。

如果交易者特别相信自己的选择，但该产品的价格却一直朝着交易者所选择的相反方向走，比如交易者赌该产品会上涨（做多），而它却下跌了，而且一路狂跌。当跌到一定价位时，交易者账户里的钱就不够继续支持损失了，这时候就会被进行强行平仓，意思是说交易者账户里的钱基本上就全没了。

为什么期货交易市场的风险这么大却还有无数交易者蜂拥而至呢？因为它的利润是呈10倍（举个大致例子）的。比如该产品涨了100个点，那交易者就能赚到1000元，这就是期货的诱人之处。但别忘了，如果该产品跌了100个点，交易者也会赔1000元——风险也是按照10倍放大的。

所以说，这就要求交易者在交易过程中必须要控制仓位，最高也不要超过50%的仓位，一般在20%-30%为宜。

这个道理很好理解，如果该产品的价格朝着交易者所选择的方向走，当然就是交易者赚钱；但如果该产品的价格朝着交易者选择的相反方向走，而且持续走下去，当交易者的资金不足以支持放大10倍的损失时就会被强行平仓掉，剩下的资金就全没了。甚至还有账户出现负数的情况，被称作穿仓。

因此，作为期货市场的投资者，特别是期货市场的新手，在进行期货交易时应注意4个方面——

1. 交易者在选择好优质的期货经纪公司后，需要严格遵守期货交易所和期货经纪公司的一切风险管理制度。如果交易者违反了这些制度，就会处于非常不利的地位。

2. 交易者的投资资金必须要正当,投资规模需要适度。如果交易者的资金渠道有问题,一旦抽紧,势必会影响到交易;而交易规模如果失当,就会造成盲目下单、过量下单等后果,让交易者的支付能力大于本身财力,造成巨大的风险。要知道,期货市场是风险投资市场而不是赌场,其不能有"赌徒心理"。

3. 要有良好的投资战略。根据自身的资金、时间、健康等条件,培养良好的心理素质,不断学习期货知识充实自己,最好能够形成一套自己独有的投资战略。

4. 交易者需要随时关注信息、分析形势,注意期货市场风险的每一个环节。期货市场和股票市场一样,都是个"消息满天飞"的地方。交易者要培养分析能力,掌握有价值的信息,不盲目听信错误的信息。同时还要注意市场的变化,提高反应的灵敏度。

第十二篇

收 藏 品

12.1 何为投资收藏品

"盛世收藏乱世黄金"这句话说明,收藏品投资也需要天时、地利、人和。我国正处于天平盛世,大量旧物件的流失导致其成为稀有之物,中国的人口众多也是很大优势。众所周知,随着我国中产阶级数量的增加,投资收藏品将迎来一个黄金时期。

12.1.1 收藏品投资的"钱途"

老张紧张得心都要跳起来了,听着四周一声比一声高的喊价,感觉像是在做梦,没想到自己爷爷留下的那个不起眼的玉烟嘴居然这么值钱。原

来他也不知道那个烟嘴是古董,后来听朋友说那个烟嘴可能是个古董。这次父亲生病正好需要一大笔钱,听了朋友的介绍,就来到这个城市的拍卖会上碰碰运气,结果拍出了300多万元的高价,这下父亲看病的钱总算是有着落了。

自改革开放以来,中国的经济快速发展,人们的收入水涨船高,收藏品不再只是有钱人的专利,伴随着网络的快速发展,收藏品市场的前景已非常广阔。纵观历史,每一次天平盛世的到来无不伴随着一股全国性的"收藏热潮"。可以预见,在未来一段时间,收藏品的投资会持续快速地得到发展。

收藏品固有的特性决定了它必将进入到家庭的资产配置之中。投资者最关心的两个要素是风险和收益。过去50年艺术品的投资回报率为10%,股票的投资回报率是10.4%,两者投资回报相当。股票市场的周期性非常强,要懂得在恰当的时机买入卖出,而好的收藏品则一定是持有的时间越久价值会越高,从这点来说,投资收藏品会更方便。

另外,作为保值升值的投资,收藏品投资除了升值赚钱外还能兼顾兴趣爱好。那些外表精美的艺术品,放在家里何尝不是一种享受呢?过年过节还能作为馈赠亲友的礼品,真是一举多得。

国人对于收藏品的偏爱,似乎几千年来都没有中断过。随着近几年中产阶级人数的增加,越来越多的人开始把眼光投向收藏品投资。20年来,国内艺术收藏品的价格正在以每年30%-50%的涨幅稳步上升着。2004年,国内艺术品拍卖市场总成交额为73亿元人民币,而2017年仅春季拍卖总成交额就达255亿元人民币。从这些数字的变化你就能感受到收藏品投资背后的火热了。

零基础投资理财课 Lingjichutouzilicaike

同时,各地涌现出了许多大大小小的拍卖公司,网上也出现了很多收藏品的网站,一些实力雄厚的民营企业以及投资银行纷纷从事大规模艺术品的收藏和投资,还出现了一些艺术品基金。市场是个神奇的东西,哪里有"钱途"它就会自动流向哪里。

12.1.2 收藏品的分类

俗话说"工欲善其事,必先利其器",我们想要对收藏品进行投资首先应了解收藏品。只有了解了每一类收藏品,然后找到自己擅长和有把握的那类进行投资,才能获得稳定的收益。千万不能什么都不了解就盲目地进入。收藏品的种类宽广,目前对收藏品的主流分类为——

一、文物类:主要包括历史文物、古代建筑物实物资料、雕塑、铭刻、器具、民间艺术品、文具、文娱用品、戏曲道具品、工艺美术品、革命文物等。

二、书画类:包括书法、碑帖、拓本、国画、油画、水彩画、水粉画、漆画、连环画等。

三、陶瓷类:包括陶器、瓷器、紫砂陶等。

四、玉器类:包括玉礼器、玉兵器、玉器具,以及玉陈设器等。

五、珠宝、名石和观赏石类:包括雕琢的珠宝翠玉,以及天然形成未经人工雕琢为主的各种砚石、印石、奇石与观赏石,如中国四大奇石《东坡肉形石》、《岁月》、《中华神鹰》、《小鸡出壳》。

六、钱币类:包括历代古钱币及现代世界各国货币。

七、邮票类:包括世界各国邮票及与集邮相关的其他收藏品。

八、文献类:包括书籍、报刊、档案、照片及影剧说明书、海报等各种文字资料。

九、票券类：包括印花税票、奖券、门券、商品票券、交通票证、月票花。

十、模型类：包括火车、汽车、飞机、宇宙飞船、军舰、坦克等，与实物按比例制作的精美模型。

十一、徽章类：包括纪念章、奖章、证章及其他各种徽章。

十二、商标类：包括火花、烟标、酒标、糖纸。

十三、标本类：包括动物标本、植物标本和矿物标本等。

目前在拍卖品市场比较火爆和广受追捧的收藏品主要有书画、陶瓷、玉器、珠宝、名石、名表等，这就是通常所说的大件藏品。而其他一些藏品，则通常被藏友们称为杂件。

在2017年春季艺术品拍卖前100名中，书画占46席，过亿元成交的有7件，瓷器杂项占18席，现当代艺术占20席。收藏品投资已经成为人们的生财之道。

12.1.3 收藏品的常见市场

既然收藏品投资也是一种理财，那么我们可以通过哪些途径去获得收藏品呢？很多人觉得，收藏品投资是有钱人的事，跟普通人的投资没有关系，这点一定要加以改正。收藏品的交易市场其实一直在我们的身边，只要你想投资，轻松就能介入。

我国目前常见的收藏品市场有五类，主要包括门店交易市场、地摊交易市场、邮购交易市场、拍卖交易市场和网络交易市场。现在把这五类交易市场的优缺点简单介绍一下，方便大家投资时进行参考。

第一类是地摊交易市场

这类市场是自发或有组织形成的收藏集市，一般会在固定日期比如周末时进行交易，平时市场则比较冷清。这类市场的特点就是，绝大多数摊贩流动性大，很难与藏家建立起长期买卖关系，大多是"一锤子买卖"。因此，导致这类市场上的赝品很多，以仿品为主，涵盖青铜器、玉器、陶瓷、书画、牙木雕刻、钱币、文房四宝等。

第二类是门店交易市场

这类市场属于有固定经营场所，与地摊交易市场相比赝品数量相对较少。一般说来，这类店铺的店主常常酷爱并钻研某一类或某几类藏品，而他类藏品不一定很熟悉。鉴于此，如果购买店主不熟悉的藏品可能会有一定机会捡漏，但也可能"走眼"。

第三类是邮购交易市场

这类市场属于无店铺销售，买卖双方也不见面，由媒体传递信息，通过快递网络传送商品。大多采用在收藏类报刊、杂志上发布广告或者自办发行收藏品邮购目录的方法向收藏者传递信息。因为这类方式无法现场验货，容易产生诈骗之类的风险，所以要高度重视，规避风险。

第四类是拍卖交易市场

这类市场是大家比较熟知的一类市场，我国《中华人民共和国拍卖法》第三条明确规定：拍卖是指以公开竞价的形式，将特定物品或者财产权利转让给最高应价者的买卖方式。这种形式有利于充分调动买方的购物积极性，更能适应当今世界上以买方市场为主的市场形态。这类市场也是最正规、规范的。不过，还是要对拍卖交易市场的合法性与口碑提前调查清楚。

第五类是网络交易市场

这类市场是最近新兴的市场。近年来,随着科技的进步与发展,可以实现收藏品的网络展示及交易,买家看不到藏品实物,而只能得到收藏品的相关信息。采取这种交易方法可不受时间空间的限制,藏品展示也不限空间,资料可以更为详尽,节约了许多交易成本。不过,这类市场也存在着较大的欺诈风险,交易之前应慎重,多方查证后再购买。

12.2 常见收藏品投资及其误区

收藏是一门艺术,也是一门学问。近年来,随着人们生活水平的提高和艺术市场的快速发展,越来越多的人进入到了收藏品领域。收藏的大众化,使得以艺术品为主的各类收藏品逐渐成为继股票、房地产之后的又一大投资工具。

在琳琅满目的收藏品中,如何在规避风险的前提下用"慧眼"找到属于自己的"真金",需要我们避开各种"雷区"。

12.2.1 书画类投资

在国内的收藏品市场上,中国书画类基本稳居半壁江山。如把油画、水彩及其他新兴画种也算上的话,那么市场份额会更大。中国的文化艺术源远流长,其在促进文化繁荣的同时也推动着文化收藏的蓬勃发展。

纵观中国几千年的历史,每一个文化创作的繁荣时期也是文化收藏的鼎盛时期。历代的每一次四海升平之际,也是收藏品活跃的时期。唐代的李世民、武则天、李隆基皇帝,可以说是对书画的搜求不遗余力、宋徽宗对书画的收藏更是如醉如痴,为此还设置了专门的装裱样式的"宣和装";到了清

代康熙乾隆时期,皇宫内院的收藏更可谓是达到了高峰。

书画的受欢迎程度,不仅表现在上层领导阶级,即便是生活在社会最底层的群体也会在自己的住所挂上一幅书画来装饰房间。如果能够在获得美感的同时还能让此收藏有个稳定的升值预期,那不是一举两得吗?

因为这个群体较为广泛,目前书画被认为是比较具有投资价值的一类收藏品。一些一线艺术家的作品,在市场上具有很高的流通性。我们在收藏书画时应规避哪些误区呢?

误区一:只看头衔不看作品的水平。一些初入书画市场的藏友喜欢盲目相信一些艺术家的头衔和职务,而对其作品的真实水平不去仔细品鉴,导致自己的投资风险增大。因为一些艺术家的头衔不一定是根据其真实的艺术造诣来取得的,所以一幅字画作品的艺术价值并不是与艺术家的职务头衔成正比的。

误区二:认为便宜没好货,价格越高价值就越高。书画艺术品的价格成因是非常复杂的,跟艺术家本身的职务头衔和名气有关,也跟作品本身的知名度和艺术价值有关,其价格还会受到市场上一些人为炒作的影响。投资时如果只看价格而不顾审美标准,在交易中很可能会上当受骗。

误区三:误把仿品当真品。字画的造假成本极低,导致书画成为了各类藏品中赝品的重灾区。而且,目前书画的鉴定只能靠眼力来分辨真假,即使是一些专业的收藏家也有看走眼的时候。

12.2.2 陶瓷类投资

到景德镇旅游的翠翠,跟在旅游团队的后面边走边看。导游一路上不经意地说了好几次之前有人来旅游,结果碰到好陶器发财的事情了。导游

的话让大家都蠢蠢欲动,"如果自己也捡个漏就好了",大家心里暗暗想着。

导游把翠翠她们团带到了一个很大的瓷器市场,让大家自己去看。不懂鉴别瓷器的翠翠带着一丝期待,就往市场奔去。在一个摊位前,她被一只绿碗惊艳到了——淡绿的颜色,非常漂亮。一番讨价还价,翠翠就把它买了下来。

出去后,大家都把自己买的瓷器让导游看,导游对瓷器还是懂一些的。看到翠翠淘的绿碗,问了价格后,导游告诉翠翠这个碗买贵了,其虽然好看,但是没有什么收藏价值,因为这只碗随便一个作坊就能制作出来,没有什么技术含量。

在国内的艺术品市场,陶瓷是仅次于书画类的第二大种类。追溯中国的陶瓷史,可以说与中国的文化史相当,甚至"China"就是瓷器的意思。

在中国,陶瓷制作的器物和装饰品可以说遍布于家家户户,它不仅可以表达艺术之美,还可以做成实用性的器具。就算没有实用性,还可以陈列起来,也可以拿在手中把玩,并且存放起来也很方便。所以,其在国内有着广泛的收藏群体。

但是,陶瓷的投资也有很大的风险,有些误区我们在投资开始时一定要摒弃。陶瓷类投资与书画类投资有着相似之处,但也有各自的不同。现在我们具体来讲讲这类投资的误区——

误区一:只看头衔不看作品水平。这一点与书画类似,不过陶瓷还可细分为艺术陶瓷和日用陶瓷两大类。其实,哪怕是被称为艺术陶瓷的作品,大部分仍然只能算是一种工艺品,其实际的艺术含量非常低。所以,陶瓷收藏的专业门槛要求很高,除了审美门槛外,还要有技术门槛。如果

是人人都会的技术,那么该陶瓷便可以无限复制,即使名气再大也不会有很高的价值。

误区二:只看外表,不问陶瓷的技术含量。中国的陶瓷之所以能够独领风骚,被国外称为"白色黄金",其主要原因是,中国的匠人可通过火把土烧成玉一般莹润动人的器物。还有一点很重要,中国陶瓷的着色是用纯矿物原料,而不是各种颜色剂。所以,考察一件陶瓷是否珍贵,不能只看它烧得怎么样,还要追问它的制成工艺,看看其工艺是否具有独特性。

12.2.3 珠宝玉器类投资

都说"黄金有价玉无价",珠宝玉器很早以前就是有钱人的标配了。因为珠宝玉器本身具有稀有性和美观性,不仅可以作为装饰品,而且还可以直接作为投资的工具。在那些奢侈品的名单里,肯定少不了珠宝玉器的身影。

我们在投资之前要明白自己投资的珠宝是什么种类的,弄明白后在心里有个准确的定位,不能错把锆石当作钻石。只有投资之前做好了完全的准备,事后才能得到巨大的收获。

珠宝可以分为天然宝玉石(天然宝石、天然玉石、天然有机宝石)和人造宝玉石(人造宝石、再造宝石、拼合宝石、合成宝石)。天然宝石主要包括钻石、红宝石、蓝宝石、金绿猫眼、绿柱石、祖母绿等;天然玉石主要包括和田玉、翡翠、黄龙玉、金丝玉、玛瑙等;天然彩石主要包括寿山石、田黄石、青田石等;天然有机宝石主要包括琥珀、珍珠、珊瑚、象牙、煤玉等。

在投资珠宝玉器之前搞清它们属于什么种类,每个种类的不同产地价格也是相差很大的,然后根据质地的不同、雕刻工艺的不同再进行详细的

判断。在珠宝玉器的投资中,一般人常犯的错误主要有以下三点——

误区一:雕得越多越好。虽然人们常说"玉不琢不成器",但是也并不意味着玉器是雕琢得越多越好。一般一件上好的材料,专业的珠宝制造商绝不会对做过多的手脚。其主要原因就是上好的材料常常是以克论价的,雕得越多损失越多。而相反,那些被雕得花里胡哨的珠宝首饰很可能是因为材料本身存在这样那样的瑕疵而需要通过雕刻来加以掩饰。所以,在收藏投资时,应从多个角度去分析考虑。

误区二:块头越大越好。可能是大给人们视觉造成的冲击更大,有人在选择收藏品时,在同样的价格下常常喜欢选择体积大的,这可能是潜意识的行为。在投资收藏品时一定要改掉这个陋习。比如翡翠,一只满翠玻璃种的手镯,其价格可能是一大车普通翡翠产品的总和。投资时要记住,除了钻石、红蓝宝石等单晶体矿物体积大价格高之外,其他玉石类珠宝产品并不一定是块头越大就越好。

误区三:外表越完美越好。美的东西大家都喜欢,可是对于一些天然宝玉石来说,越是完美的东西越可能暗藏着人工烤色或酸泡等危险。有的投资者被完美的外表所吸引,忘记了天然的宝石大多有着些许缺憾,不过也要提防那些故意用少许缺憾来造假抬高售价的人。这方面的投资应慎之又慎。

12.2.4 古玩类投资

古玩是先人留给我们的珍贵遗产,里面沉淀着无数的历史、文化等信息,是人类文明和历史的缩影,这是其他收藏品所不具备的。

但是古玩鉴定不同于文物鉴定,古玩鉴定很随意、片面和主观。看看

如今的各类电视节目、电脑网站,就能看出当今的古玩鉴定市场是多么鱼龙混杂,很多专家、学者在装腔作势地品评一番。

古玩类市场目前主要分为以下几种:

一是陶瓷。陶瓷是陶器和瓷器的总称。中国人早在约公元前8000-2000年就发明了陶器。常见的陶瓷材料有黏土、氧化铝、高岭土等。

二是书画。书画是书法和绘画的统称,也称为字画。

三是玉器。玉器是指用玉石雕刻成的器物。玉器包括古玉,自雕琢成器算起100年以上的玉器称为古玉或古玉器。

四是杂项。主要包括竹、木、牙、角、文房四宝、漆器、绣品、铜器、佛像、鎏金器物等,以及一些无法准确归类的物品如挂饰、手串、核桃等,其最大的特点是易于把玩。

如果仅凭肉眼和经验去鉴定古玩,会存在很大的困难,如今行内可以通过一些便携式视频显微镜来进行识别。把微小的东西放大几百倍,从而去判断古玩的年代及真伪。另外,也应注意投资古玩的一些误区。

误区一:年代越久越好。虽然从考古价值来说古玩是越老越好,但就投资收藏而言,这件古董本身的艺术性、稀缺性、完整性和知名度等都会直接影响到价值的高低。所以在收藏的时候应综合考虑,不要仅仅凭借其年代就去简单判断其价值。

误区二:有书本记载的就好。目前市场上诸多古董收藏类书籍的出版,并不需要经过专业的审查,也没有相关机构给出权威的审查结论,所以,只要是有钱的收藏家都可以将自己的藏品图片汇编成册,出版留念。如果在收藏的时候仅仅用有没有出版过来判定一件古董的真伪,那是极为不明智的。

误区三:名人推荐的就好。很多人迷信权威、迷信名人,前面也说过，古玩市场上鱼龙混杂，有很多所谓的专家、学者联合起来欺骗藏友、获取暴利，所以在投资时应有自己的主见，不要盲目相信他人。

误区四：没有抛头露面过的最好。有的藏友喜欢淘一些生僻的藏品，觉得自己可能捡了漏，殊不知，有时正好落入别人的骗局。对那些来路不明的所谓"国宝级"文物一定要格外小心，先要打上一个大大的问号，再来慢慢鉴别。

误区五：残器不具有价值。有的藏友觉得收藏就是要完整的，对于一些破损的器物觉得没什么价值，其实这样的看法并不正确，谁敢说断臂维纳斯没有价值呢？

投资古玩不像投资别的，因为古玩的存放问题还是很关键的。存放古玩的房间温度不能太高，也不能太低。当房间温度超过30℃时，就会对制成古玩材料的耐久性产生影响。而超过38℃，则会使古玩的质地发生变化，纤维因为失去水分而收缩。温度太低，会使器物里的水分产生冰结，使其内部结构遭到破坏，所以，存放古玩的温度不要低于0℃。

另外，房间的湿度也很关键。潮湿的环境会加速古玩材料中纤维素的水解，使书画等材料颜色褪色。另外，气候如果太干燥则会导致古玩内部的结构遭到破坏，使某些古玩变硬、变脆，强度下降。

另外，在日常保养中还要注意气体的侵害、灰尘的破坏、生物的腐蚀。所以，在投资古玩时应从多方面下手准备，只有准备齐全了才能取得不错的收益。

12.2.5　邮币卡类投资

"邮币卡"是邮票、钱币、电话卡的简称，因为这种投资门槛低，所

零基础投资理财课 Lingjichutouzilicaike

以参与的人数很多，这一市场被认为是最大众化的收藏市场，其2017年的交易额就达1000亿元左右。随着现代网络的兴起，国内还兴起了邮币卡的电子交易。

1980年我国发行了第一套生肖猴的邮票，当时的发行价是单枚8分钱，但是随着时间的推移，其价格也在持续上涨，现在每张已经涨到了一万多元，一套价值120多万元人民币。于是，有人就觉得投资邮币卡是一本万利的投资了，其实不然。

每一款邮币卡产品的发行量都非常巨大，即使是限量版的，其存量也很惊人。虽然目前我国有近千万的邮币卡专业收藏者，再加上普通爱好者，颇具规模，但是像金猴这样的情况是不会再重演的，因为这样的历史条件已经不太可能出现。其实，大多数邮币卡像一般艺术品一样是不具有投资价值的。

不要觉得邮卡币的额度小就不以为然。也许一张邮票、一枚钱币和一张电话卡的售价也就几毛钱或几块钱，但是，如果把它当成一种投资，大量买进时价格也是不低的，一旦行情不好，其损失也会很大。如果自己什么都不知道，只是盲目跟风买进，那么导致的风险会更大。

经常有一些人或是打电话、或是当面向你鼓吹谁投资一套什么邮票赚了多少钱等等，不要轻易听信卖家的营销概念，以为赚钱是十拿九稳的事。如果投资真的那么简单，他自己早就发了，哪里还会好心把这样好的机会留给你呢？

投资的目的是为了赚钱，但是任何时候都是高收益伴随着高风险，没有一项投资是没有风险的，我们只能多了解投资的对象，进行360度无死角的了解后再去投资，这样才能把风险降到最低。

不要害怕错过了机会而盲目投资，也许那是一个"大坑"呢。平时应多看一些专业的书籍，多去市场上进行考察，等你拥有了真正的本事后才能透过层层迷雾找到有价值的投资品。

12.3 收藏品的投资原则和策略

新闻上经常会报道，某画又卖出了N亿元的新高价，但是在这么多藏品中怎样才能找到适合自己的藏品呢？怎样才能在兼顾收藏乐趣的同时更好地获得经济的回报呢？

12.3.1 收藏品的投资原则

不管是从事那一种投资，投资者想要提高获胜的概率都应对投资的对象进行深入的学习、思考、研究、分析、总结，收藏品投资更需如此，这是一种隐性的投资成本。

如果收藏者喜欢书画，那么让其花费大量的时间欣赏和研究书画会是一种享受；如果收藏者根本就没有任何兴趣，这就会变成一个成本高昂并且效果还不佳的痛苦过程。兴趣是最好的老师，如果没有兴趣可能就不会仔细去琢磨，一个微小的疏忽换来的可能就是一次失败的教训。

对于收藏品的投资者来说，不仅要关注收藏的经济回报，还要重视收藏的巨大乐趣，只有两者兼顾才能实现真正快乐的收藏，并且还不时会收获意外的惊喜。收藏既能带来经济回报，还能带来精神的收益，这就是收藏品投资有别于其他投资不同的地方，也是人们痴迷于收藏的重要原因。

收藏家马未都曾说过："收藏本身就是财富积累的过程。"爱好才去收藏，喜欢才去购买，这是收藏品投资的原则之一。

目前书画鉴定没有公认的统一鉴定方法，主要还是依靠经验和眼力，而想要在投资过程中不被蒙蔽，还得多看多问、把功课做足，这是收藏品投资的第二个原则。

从收藏品市场反映的情况来看，书画作品的造假名目繁多、五花八门：有作伪者自书自画冒充而成的（具体可分为摹、临、仿、造四大类）；有作伪者以旧作改头换面、移花接木而成的（具体可分为改、添、减、割、等）；还有妻子为丈夫代笔、弟子为老师代笔、儿子为父亲代笔而成的；甚至更有作伪者利用现代高新技术仿真印刷而成的。真是令人防不胜防。在这样的情况下，不提高自己的眼力怎么能够判断出来呢？

每一位艺术家的成长历程，大致可分为学习期、成熟期、巅峰期和衰退期。其实仔细分析，每一个时期都有各自的特点。想要不走眼，只能是平时多用功、多积累。

艺术家唐云曾说过："鉴别真赝，也不是什么神秘莫测的事，最根本的一条，端赖'熟悉'，一切犹如每个人对自己熟悉的朋友，即使他在隔壁房间谈话，一听话音，你就能辨认出是'何许人也'，鉴定是同一道理。"

12.3.2　收藏品的投资策略

对于收藏者而言"十个优点不如一个特点"。对于投资书画的收藏者而言，首先要选择那些优秀的艺术家。从古至今流传下来的名家大作，均有自己独特的特点。那些没有特点、缺乏个性、没有风格的作品，很难引起广泛的关注。

当然，在挑人的时候，收藏者要特别注意两点：一是优点与特点的

关系,二是名气与实力的关系。一件只有特点却毫无优点的作品不是好作品,特点是建立在优点的基础之上的。一幅作品,只有特点没有优点,就像"无源之水,无本之木",是没有收藏价值的!

不要被那些为了引人瞩目而故弄玄虚的作品所迷惑,尤其应警惕那些"穷山、恶水、败花、丑树、危房、傻人"的作品。虽然这些作品会让人眼睛一亮,但是一段时间过后便会在市场上消失得无影无踪。因为仅有特点而缺乏优点的书画,同样很难经得起市场的检验!

对于书画来说,艺术家名气的大小是影响作品价格的重要因素之一。但是名气实际上是一个动态而微妙的变量,在选择投资收藏品时,首先应明确该艺术家是名副其实还是徒有虚名。中国书画通常是以尺幅论价的,在其他条件相同的情况下,名气越大,作品越精,尺幅越大,价格越贵。如果资金有限,必须要做出取舍,宁愿舍尺幅也要取名气、选精品。

为了牟取暴利,艺术品市场上存在着大量伪造的收藏品,收藏艺术品的最大风险就是品质的风险。有时候,店主告诉你的某大师的绝版名画,在你买下走出店门后,他很快便会从柜台内又取出一张一样的挂上去。所以,既要买贵也要买对。

对于一些名家的真迹也要区别对待,即使是吴昌硕、齐白石、任伯年这种"名家",他们也有失去正常艺术水准的作品,不能盲目投资。而如果是名家的名品,那是可以长期收藏的。

如果投资的资金有限,投资收藏品要处理好质与量的关系,要选择重质轻量,抱着"宁吃仙桃一口,不吃烂桃一筐"的心态。收藏品的价值还有一个稀缺性,平庸之作易得,精品力作难求。

一件精品的诞生,同艺术家创作时的积累、状态、灵感和情绪等因素关系密切。哪怕是他本人也不是随意就能创作出精品的。所以,对于投资

收藏者来说,收藏书画不要贪多求全,而是要力求精。

12.4 收藏品投资注意事项

小东看到朋友做收藏品赚了不少钱,于是也开始尝试着做,希望有一天自己能捡个大漏,以后就不用天天辛苦挣钱了。他天天往当地的几个收藏品市场跑,生怕错过了好东西。一次终于让他发现了一个机会,他看到两个人拿出一件什么宝贝,鬼鬼祟祟地进了一家新开的店,最后好像是价格没谈拢,两人走了。店里的老板在那两人走后,赶紧给一个朋友打电话,让他过来找那两个人把那东西买来,说其是个无价之宝。

小东听到这里知道自己等待很久的机会终于来了,虽然他对鉴定东西不懂,但是他听懂了刚才那个老板的话啊。追上那两人后,正好看到有个人正在要购买那件"宝贝",后来在小东的不断加价下,"宝贝"被小东买了过来。不过遗憾的是,最后经过专家鉴定,小东的"宝贝"是个仿制品。再去看那家新店,已经关门了,小东欲哭无泪,辛苦攒的钱一下被骗没了。

投资的首要目的就是保住本金,在这样的基础上再稳定增值,收藏品投资同其他的投资相比有自己的独特之处,这里专门说明一下收藏品投资的注意事项——

第一条:凡是不懂、不明白或拿不准的东西,一定不要去买,以免赔得连本金都没了。

第二条:"不能自以为是、闭门造车,仅仅对照书本图录就去购买,应注重去实践。根据一分读书、九分实践的原则去执行,并且多读国家专

业教材书,不要被市场上的某些商品书、拍卖图录或网上天价误导,做一个明明白白的收藏品投资者。

第三条:要克服贪心,不要有捡大漏、发大财、一夜暴富的思想。在购买时对所遇的人、物应进行多方面的深入思考。因为这个市场太过混乱,需要提防之处有很多。

第四条:要严格选择古玩鉴定专家,不要只看专家头上的职务、头衔。只有选对了专家,才能选对好的作品。如果能够与专家签订鉴定失误负责到底的合约则是最好的。

第五条:要把收藏品放到市场上加以检验。收藏者委派其信得过的人,把藏品拿到市场上询问或假装出售,多询问几家,这也是收藏品求证与求实的捷径之一。

第六条:明确区分工艺品与古玩两者间的界限。如果投资的是工艺品,第一应当选择其材质的优劣及贵贱,第二才是注重其艺术特色等。如果是投资古玩,则应先明确其藏品的年代,然后才是注重其艺术及综合特征。只有明确了方向后再去努力,才能成功地投资收藏品。

第七条:要将收藏品投资当作文化来研究,不能仅仅把它当作一种金钱的投资。对于收藏品的投资也是为国家保护文物、传承文化,是利国、利民、利后代的事情。

只有拥有一颗平常的心,才能在变化莫测的收藏品投资市场上保持清醒,在不经意间获得意外的收获。

第十三篇

民间借贷

13.1 投资民间借贷的利弊

民间借贷是一种民间资本的直接融资渠道，它资源丰富、操作简捷，缓解了银行信贷资金不足的矛盾，促进了经济的发展，但是民间借贷仅靠所谓的信誉维持，缺乏担保抵押，没有可靠的法律保障，存在很大的风险，在投资时须谨慎。

13.1.1 民间借贷的常见类型

民间借贷是指自然人、法人之间、其他组织之间及其相互之间进行资金融通的行为。是非经金融监管部门批准设立的，从事贷款业务的金融机

构,及其分支机构,进行资金融通的行为。只要双方当事人意见表示真实就可以认定为有效,因借贷产生的抵押相应有效,但利率不得超过人民银行规定的相关利率。

每做一项投资,我们都要把准备工作做好,只有深入了解投资的项目,知道其利与弊,然后结合自己的实际情况做出有利于自己的选择,这样的投资才是稳妥的。在P2P活跃之前,民间借贷一直占于主导地位,对于民间借贷的种类很多人并不是都很清楚,在投资之前带大家了解一下,方便大家做出正确的选择——

第一类:社会集资型借贷。主要是一些规模较大的民营企业因为暂时资金周转不灵,从而面向社会进行季节性集资。还有一些基层政府为了让其管辖下的重点项目能够正常运行,从而以政府的名义向特定的对象出面融资。如果是这类对象,应仔细考察该企业与政府的信誉及它们需要融资的具体项目,进行风险预测,如果都很良好,那么是可以进行投资的。

第二类:互助型借贷。就是相互熟悉、相互信任的借贷双方直接见面,约定借款金额、期限、利息,或口头约定、或打个借条,用于个人之间,数额大小不等。这类借贷主要是建立在个人的信誉之上,大多是亲人、朋友之间。

笔者建议这类借贷还是要把各环节都规范起来,这样才能防患于未然。有很多这类借贷因为事先没有写清楚,有时把投资与借贷相互混淆,从而产生了很多纠纷,给当事人造成了很大损失。

第三类:中介借贷。中介公司借助于正规中介机构的融资行为或以非正规中介机构为依托进行民间借贷。另外,它们还为企业(多为中小企业)、个体私营业主、自然人借款提供担保。这类借贷的利息较高,但是要预防该公司的合法性及其信誉,以及它们能够存活的时间,不要让自己

的投资最后血本无归。

第四类：高利贷型借贷。资金盈余的个体户和中小企业主，向一些资金匮乏又急需资金的企业及个人提供高息借贷，这是民间借贷的最主要方式。这种借贷的利率根据借款的主体、借款的用途、借款的时间长短、借款的急缓程度而定，一般都很高。法律规定，如果借贷双方约定的利率超过年利率36%，则超过年利率36%部分的利息应当被认定为无效。

投资这类借贷的风险非常大，在高利贷借贷过程中，暴力收债的事情常有发生。另外，高利贷的债务人常常会消失而无力偿还，高利贷处于法律的灰色地带，尽量不要参与。

13.1.2 优势与风险并存的民间借贷

随着P2P的蓬勃发展，国家对民间借贷的监管越来越严格，民间借贷也越来越规范。因为民间借贷的独特优势，未来民间借贷的发展前途一片光明。那些正规合法的民间借贷，在进行家庭资产配置时可以斟酌一下。

没有风险的投资是不存在的，投资就是要在风险与收益之间找到一个最佳平衡点。为了降低投资风险，现在简单介绍一下该类投资的优缺点，方便大家投资时找到平衡点。

民间借贷的优势主要有以下四点——

第一点：低利率互助型借贷。这种形式主要是城乡居民、个体私营企业主之间用自有闲置资金进行的无偿或有偿的相互借贷行为，以帮助解决生活、生产的急需。这种借贷手续简便，不像银行贷款那样需要提供很多资料，并且放贷时间也短，期限灵活，有不定期、几天、几个月，也可以长达几年。

如果利用好这笔资金,是能够创造出更多的利润的,虽然要付出高一些的利息,但是只要收入比付出多,这样的投资还是值得的。

第二点:资金使用效率较高。银行贷款的期限一般以定期的形式出现,而民间贷款则可以即借即还,适合小企业使用频率高的特点。并且民间借贷的利息都比银行的利息要高,使用时间一般为几天或者是几个月,大部分在商业银行同期利率四倍以内,月利率从8‰到30‰不等。在控制风险的前提下,如果是放贷的话,利息高一些毕竟比低一些好。如果是进行借款,那么能快速解决燃眉之急还是方便快捷的。

第三点:节省费用。因为民间借贷省去了公证、鉴定、验资、抵(质)押登记等手续,也就节省了不少中介费,这对借贷双方都有利。另外,民间贷款普遍门槛低,显然更适合于小企业。

第四点:节省时间。如果根据银行的正常贷款程序,企业从向银行申请贷款到获得贷款,其间大约需要一个月,而上海民间贷款一般仅需要3-5天甚至更短的时间即可获得所需资金。

虽然民间借贷有不少的优势,但是投资时不能只看其优点而忘记了存在的风险,只有有效预防了风险才能让投资更加稳健。民间借贷的主要风险有:

首先,因为法律的不明确、体制的不完善,以及认识的不统一,导致一些民间借贷处于非法状态或放任失控状态,为一些不法分子趁机进行金融诈骗活动提供了方便。在投资时,不要被高息所吸引,从而落入不法分子的圈套。

其次民间借贷虽然灵活方便,但具有盲目性特点,风险系数极大,并且信贷经营者往往经营管理能力差,没有完善的风险防御监控系统、没有严密的财会制度,一旦大宗金融交易失败就会使投资者蒙受较大的损失,

这个损失可能连本金都无法收回。

最后，民间借贷的手续过于简单，一不考虑资信，二无财产担保，并且借贷直接用现金交易，如果贷款人一旦跑路，那么损失将是巨大的，最后无力承担损失，甚至放贷公司老板都会偷偷跑路。最近几年已经多次出现过这样的情况，并且还是大的公司，所以投资前要做好风险评估。

13.2 民间借贷与非法集资及P2P间的区别

有一些个体企业或者业主虚构资金的用途，利用人们贪图高利的心理，抛出高回报的诱饵，或是采取其他骗取集资款的手段向社会募集资金，从而进行非法集资。近两年网络的快速发展，让P2P网贷行业也高速发展了起来。

三者之间到底是什么样的关系？在投资时，应怎样把它们清楚区分开来从而规避一些风险，这一点非常有必要。

13.2.1 民间借贷与非法集资的不同

老王被原来的同事拉着去参加一个什么发布会，会议在当地的一个高档酒店进行，参加的有很多人。一个看起来职位很高的人上来说，目前有个非常好的项目正在筹集资金，如果现在投的话以后公司上市就能变成原始股，知道的人还不是很多。

并且还有京城的一个什么部长上来对这个项目做说明，还带来了很多国家批准的资料。很快就有人上去表示要投资，不过别人没接受，让大家再考察一下再说。一份份资料通过投影仪显示在大家眼前，并且承诺今天

投资的如果不能换成原始股，也保证每年的利息是12%，并且利息马上会发放。

老王跟同事也投资了，拿到利息时还很开心，不过过了几个月后老王才知道那个公司的老板跑路了，自己被骗了，本金也拿不回来了。

民间借贷，实际上是民间金融的一种形式，这种借贷行为只要双方当事人意见表示真实即属于有效。民间借贷的利率只要不超过银行同期利率的4倍就受法律的保护。而非法集资则是未经有关机构批准，就向社会不特定的公众吸收存款，是违法的。

民间借贷不能违背真实意思，不保护非法活动的借款。而非法集资则有虚假的材料，骗取不特定大众的投资，并且他们还通过媒体、推介会等途径向社会公开宣传，承诺在一定期限内还本付息。而如果仅是在亲友或者单位内部针对特定对象吸收资金的，则不属于非法集资。

二者区分的关键就是"特定的"和"不特定的"对象非法集资没有特定的对象，而民间借贷是有特定的对象。一般把非法集资分为以下三类，在投资过程中，要看清楚自己所投的是不是非法集资。

第一类是假直接投资项目。比如，在房地产中以返本销售、售后包租、约定回购、销售房产份额等方式，用转让林权并代为管护、以代种植（养殖）、联合种植（养殖）等方式非法吸收资金的。

一些非法集资者都把自己的项目包装得"高大上"，并且与国家的宏观政策结合在一起，在投资过程中只要不被高回报所迷惑，仔细查查他们资料的合法性还是能看出来的。

第二类是假间接投资。比如，一些公司根本就不具有发行股票、债券的权力，却用虚假转让股权、发售虚构债券等方式来欺骗投资者；不具

有募集基金的权力,却以假借境外基金、发售虚构基金等方式非法吸收资金。

第三类就是利用民间"会""社"等组织非法吸收资金。凡是向外掏钱时一定要多考虑考虑,投资须谨慎。

民间借贷很常见,但是也要注意遵循相应的关于利率限制以及借贷特定范围的限制,而非法集资现在表现得越来越隐蔽,有时很难把它们区分开来,这需要我们增强风险意识。如果无法判断,那就应放弃这次投资。

13.2.2 民间借贷与P2P网贷的区别

在P2P网贷出现后,很多人将P2P网贷与民间借贷简单地等同起来,认为网贷实际上就是"网上民间借贷",这是不正确的。

二者之间是既有联系又有区别的。在法律允许的范围内,民间借贷是合法的。民间借贷在我国存在的历史悠久,长期以来一直维持着固定的模式,只是在借贷行为中的具体方式不同而已。

这种古老的民间资金拆借行为也有着自己的缺陷,它有着分布不均、资产定价标准混乱、风险对冲机制缺失、监管无法渗透等等缺点。同一个资产,由于所在地区的不同,借贷的成本也不同。相对而言,沿海地区的民间借贷活动比内陆要活跃。

近年来,随着P2P网贷的兴起,这种状况得到了很大程度的改变。与传统的民间借贷相比,P2P最大的特点就是点对点,也就是把最终的资金供给方和最终的资金需求方直接连接起来,缩短资金链条,使借贷关系扁平化。

P2P在借贷关系中扮演着第三方的角色,为了以示公允,P2P平台能够对借贷行为及其条款进行客观评价,并最终得到双方的认可。

P2P平台的利率有两种确定方式,如果是在有担保的情况下,贷款人获得利率由担保方确定,借款人付出的资金成本等于贷款人获得利率加上风险报酬;如果是在无担保的情况下,借贷利率由借贷双方竞价确定。不过,不管是哪种方式,利率都是市场资金真实价格的反应。

因为P2P平台的兴起,古老的民间借贷管理变得更为有迹可循,监管层可以通过制定一些合法的业务流程来对原先散、乱的民间借贷行为进行统一的管理与疏导。从这个意义上说,P2P网贷行业的诞生对于中国的民间借贷而言实属一个划时代的产品。

随着P2P网贷行业的规范发展,中国的民间借贷也将在此基础上得到全面更新,未来网贷这种新型的金融模式肯定会发挥出更大的作用。

如果进行投资,请选择那些规范的、正规的、合法的P2P平台。投资前应当多了解这些平台是不是有银监会发的牌照、是否有风控系统、所投资的项目是否真实,了解清楚后再出手也不迟。

13.2.3　P2P理财你需要注意的事项

所谓P2P理财就是通过互联网进行理财,也是个人对个人,即点对点网络借贷,是指以公司为中介机构,把借贷双方连接起来实现各自借贷的需求。借款方可以进行无抵押贷款或是有抵押贷款,而中介平台一般是收取双方或单方的手续费,或者是赚取一定息差,是一种新型理财模式。

经过短短十多年的发展,P2P理财已经在全国蓬勃发展起来,基本上人人都会有P2P理财的经历,2015年全国P2P网贷成交额突破万亿元,达到11805.65亿元,同比增长了258.62%,历史累计成交额达16312.15亿元。从这组数据不难看出,目前这个市场有多么火爆。

现在又出台了一系列监管政策,使得P2P理财越来越正规,也越来越安全。但是不是说P2P理财就是100%的安全,怎样预防在P2P理财上踩雷呢?现给出以下几点建议:

首先,在进行P2P理财之前要仔细地进行考察。不管你以往P2P理财的技巧有多么丰富,对于任何投资者来说,在投资前必须要对平台的资质进行仔细的考察,并通过不同的纬度开展分析。

投资者应当秉持严谨的态度,你对自己的钱都不负责任,那么谁会对你的钱负责呢?现在的网络这么发达,只要用心,你可以从平台的注册信息,到相关的背景情况,然后到资产类别的组成,以及投资现状等多方面出发,把自己所投的产品彻底调查清楚,看看是不是安全稳健。

其次是把入选的P2P理财跟银行理财、基金等不同方式做对比。另外,对不同的P2P平台要考察它们的利息、提现的速度、在业内的口碑还有投资信息披露得是否透明等等。不过,不是所有低利息的平台都是安全的,也不是平台的页面越豪华越好。

投资者一定要弄清楚自己的资金投资到了什么地方、期限是多久、收益情况怎么样。投资者需要一个公开透明的投资环境,如果还没搞清楚自己所投产品的特点以及相关的配置管理等,就不要着急去投资,等了解清楚后再结合自己的实际情况进行投资规划。

然后是P2P理财,需要选择最适合自己实际情况的投资。在投资过程中要有记账、信息保存、总结分析、风险管理等基础的思维理念。倘若你的投资知识尚有待提高,那么就应制定一些学习方案,边学习边进步边总结,逐步提高自己的财商。只有这样,你才能不断进步,最后成为一个合格的"投资家"。

最后在安全稳健的前提下制定一个"小目标"。在投资过程中,要考

虑分散投资、组合投资、科学合理地配置资产,不要把鸡蛋放到一个篮子里。分散投资不是把所有的钱分别放到不同的P2P平台上,而是根据自己的资产情况把资产分别投在定期、基金、股票、房产、黄金、收藏品等方面。

对于投资目标的设定,不要有不切实际的幻想,不要妄想能够通过P2P理财赚出个金山银山来。应树立正确的价值观念。对于普通的P2P理财者来说,应当尽可能地结合自身情况,总结投资理财的经验,选择适合自己的投资方式,获取稳健的收益。

不要盲目跟风、乱加杠杆,不要存在侥幸心理,我们应当尽可能地避免失误,让投资理财的路愈走愈好。

13.3 投资民间借贷,你不得不防的陷阱

现在社会上的民间借贷已越来越普遍,既有网络的,也有熟人之间的。在投资前如何做好预防,以避免不必要的损失,这是非常重要的。只有深知民间借贷存在的问题和陷阱,才能在投资的路上走得稳健。

13.3.1 民间借贷存在的典型问题

民间借贷的随意性容易给投资带来很大的风险,现在介绍一下存在的几个典型问题:

第一,仅凭借条难以完全证明大额现金的借贷。对于数额较小的现金出借和交付,只要出借人能够做出合理的解释,一般都会被认定借贷事实存在。但是如果出借的金额较大,而借款人又提出异议,并且还有一定依

据,那么仅凭借条是不能证明出借人向借款人交付了大额现金的。所以,在现实生活中,出借人在交付现金后应要求借款人再出具收条,如果是通过转账方式出借的,应保留银行的转账凭证。

第二,借款利息不得预先扣除。在现实中,先扣除利息的做法大量存在,但根据相关规定,借款的利息是不能预先从本金中扣除的,否则应按照实际借款数额返还借款并计算利息。

第三,逾期利息按银行基准利息计算。借贷双方如果未约定借期内利息,也未约定逾期违约责任,那么逾期利息可按中国人民银行同期同类贷款基准利率,自逾期支付之日起计算。投资者在投资时,应把合同仔细查阅,防止损失。

第四,自愿支付高息,法院不予干预。如果当事人约定的利率超过中国人民银行同期同类贷款基准利率4倍的,超过部分的利息法院一般不予保护,但借款人已自愿给付的,且不损害国家、社会共同利益或者他人合法权益的,法院是不会干涉的。

第五,见证人在借款人处签名应承担责任。民间借贷一般都会有作为第三方的见证人,如果仅是借款的见证人,则不需要承担责任。但是注意,他在借条中应明确注明自己是"见证人",如果把名字写在"借款人"或"保证人"那里,就应承担相应的责任了。

13.3.2 民间借贷容易踩中的陷阱

老熊被气出了内伤,自己借给张某的10万元钱居然要不回来了。事情是这样的,当时张某借到钱后给老熊写了张借条。一年后,张某还了5000元,于是让老熊把原来的借条销毁,又重新给老熊写了一张借条:"张某

借老熊现金100000元,现在还欠款5000元"。老熊等不到张某还款,于是把张某告上了法庭,因为老熊不能举出其他证据证实张某仍欠其95000元,所以老熊的权力没有得到保护,借出去的就这样打了水漂。

都说细节决定成败,有时你的一个不小心可能就会让投资全军覆没,而民间借贷又有很多不规范的地方,所以在投资时应最大限度地维护自己的合法权益。下面简单讲述一些有关借条方面需要规避的陷阱——

一、打借条时故意写错名字,尤其应注意同音不同字的名字。笔者建议打借条时不妨请借款人把身份证号也写上去,这样即使借款名字书写潦草,也可以凭身份证号确定其人。

二、笔者建议借条书写应现场完成,不得离开视线,为了以防万一,放贷人应自带纸和笔。

三、利用歧义。比如"现还欠款"既可理解为"归还",也可理解为"尚欠",对借条内容一定要反复阅读,不留歧义。

四、以"收"代"借"。借款就要写借条,不要让借款人写收条,并且要写明借款原因,"收""借"要分明。

五、财物不分。写欠条、借条时即使是数字后面的单位也要核查清楚,以防偷换概念,从而引起不必要的损失。

六、自书借条。为了防止金额被篡改,要在阿拉伯数字后面追加汉字的大写,并且标注到底是人民币还是其他币种。

七、两用借条。如果借据丢失,那么在收条上要将这件事明确注明。

八、借条不写利息。如果在借款合同上对利息没有约定或者约定不明的,将视为不支付利息。

虽然这些都是很小的细节,但是稍有不慎就会让投资蒙受损失,为了

自己的投资安全,在关注大方面时也要关注小细节。另外,还有两个与出借款物有关的问题需要注意:

一是借款时如果明知对方将用于非法活动,那么不要借款给对方。依据我国法律的规定,该借款不受法律保护。在对方不还钱的情况下无法通过诉讼途径予以保护。

二是对约定有还款期限的借条,要在还款期限届满之后两年内主张权利,即向人民法院起诉。根据我国法律的规定,当事人请求人民法院保护民事权利的诉讼时效期间为两年,如果借款人在借款到期两年后向人民法院起诉,却没有诉讼时效中止、中断、延长情形的,就会丧失胜诉权。

另外在支付借款时,应尽量用银行转账而不是现金,这样便于保存证据。

第十四篇

股权众筹

14.1 认识股权众筹

在互联网从商品消费走向服务、产业的过程中,一场商业革命也在悄然兴起。互联网正在以更加融合、开放的姿态,打破传统产业的壁垒。在移动互联时代,不需要设备、工厂、人员、资金,可能一个产品、一个技术、一个商业模式的创新都孕育着巨大的商机,会成就一个伟大的公司。

14.1.1 股权众筹的概述

老江平时没事时喜欢写写文章,写了一段时间后,大家都劝他把写的文章编辑成一本书。听了这个建议后,他颇为心动,不过一打听需要花

不少钱,他很为难,这时有朋友建议他试试众筹。于是他就上了一个众筹网,发布了众筹信息,没想到后来居然筹集够了出书的钱。老江的书被印刷出来后,把书寄给了那些出资的人。

在理解股权众筹之前,先来说说众筹。众筹是什么?其实众筹来自于crowdfunding一词,简单地说就是大众筹资或者是群众筹资,是指一种向群众募资,以支持发起的个人或者组织的行为。众筹利用互联网和SNS等社交平台,让小企业家、艺术家或者个人对公众展示他们的创意,争取大家的关注和金钱的支持,进而获得自己所需要的资金援助。

目前,我国众筹的运作模式主要有两类:一类是网络众筹,这类众筹是基于第三方独立的众筹网络平台进行的众筹;另一类是线下众筹,主要基于线下社群进行的众筹。

网络众筹模式根据项目发起人(融资方)给投资者的回报的不同,可以分为以下四种类型——

第一类:股权众筹。股权众筹是指投资人将资金以股权方式投入到筹款人的企业,并获得一定比例的股权,在筹款人的企业上市、挂牌或被收购后取得相应的收益。其直接表现形态是集资。简单来说就是,投资者给创业者钱,创业者给投资者公司股份。

第二类:奖励众筹或者回报众筹。它的表现形态为"团购+预售",即筹资人给予投资人或支持者为某项产品实物和服务的回报。在项目还没有完全开始的情况下先筹资,有了足够资金后把产品成功生产出来,并按其之前的承诺进行实物回报。奖励众筹可以让创业者在资金不够时,通过提前预售其产品和服务来筹集资金,缩短了资金链。目前国内的大部分众筹平台都采用这种模式运行。

第三类：公益众筹。发起人给予投资者的回报既不是物质、金钱、股权，也不是产品和体验，而是一种荣誉。现在这样的公益众筹在各个平台都有，很多非政府组织就采用这种模式为特定项目进行募捐，跟传统的募捐活动的不同之处在于公益众筹模式通常是为某一特定项目募捐。捐赠者由于知道募捐款项的具体用途，从而更愿意捐赠较高的数额。公益众筹捐赠者的主要动机是社会性的，并希望长期保持这种捐赠关系。

第四类：债权众筹。这类众筹是投资者对项目或公司进行投资，取得项目或公司一定比例的债权，未来获取利息收益并收回本金。简单来说就是，投资者给创业者钱，创业者还投资者本金和利息。

国内目前的网络众筹还处于探索过程中，线下的模式效果更好一些。线下的众筹模式主要有会籍式众筹咖啡馆模式、房产众筹模式、酒店众筹模式。这里就不再进行专门介绍了。

有不少人可能对股权众筹与股权融资傻傻分不清楚，它们有什么区别呢？无论是从概念还是从投资过程来看，二者都有着不少相似之处，不过二者最大的不同就是侧重点不同。

第一、融资渠道不同。股权众筹是通过互联网平台进行的一种线上投融资模式，而股权融资则是在线下操作的一种投融资模式。

第二、融资主体不同。采用股权众筹来融资的一般都是处于初创期的小微企业。股权融资有公募与私募之分，通常公募股权融资主体都是具有持续盈利能力的大型企业，他们通过发行股票向公众投资者来募集资金；而私募多为成熟期的民营中小企业进行股权众筹融资的主要方式。

第三、定位不同。股权众筹的定位就是投融资的信息服务平台，服务的对象一方面是融资方，另外一方是中国的投资方——大量潜在的社会投资人。

第四、融资成本不同。股权众筹的门槛低、融资成本低。股权融资，其隐性成本非常高。

其实，股权众筹可以看作是股权众筹融资的有效补充，对于推动社会创新创业、完善我国多层次资本市场体系、促进金融改革创新都具有十分重要的意义。

14.1.2 股权众筹的类型

股权众筹是一种新型的投资模式，是在国外兴起的，近年来才进入到中国，正好搭上中国互联网这列快车，很快便成为投资的新热点。参与股权众筹的投资，就要了解股权众筹的分类，这样方便投资者在投资时做出正确合理的判断。

2009年，股权众筹在美国的众筹网站Kickstarter被首次提出，开始兴起。

2011年，股权众筹开始进入中国市场。

2013年，国内第一例股权众筹案例诞生，就是美微传媒在淘宝卖股权。通过在淘宝上众筹，美微传媒获得了1194个众筹的股东，占到美微传媒股份的25%，共计融资500万元，不过最后以退款告终。

2014年，国内第一个有担保的股权众筹项目出现，就是贷帮网袋鼠物流项目。该项目由第三方机构提供为期一年的担保，一年之内如果该项目失败，那么担保机构将赔付投资人全额的投资款。该物流项目上线16天，共计有79位投资者投资了60万元。

2014年5月，证监会开始明确对众筹的监管。

2015年8月，证监会发布《关于对通过互联网开展股权融资活动的机构

进行专项检查的通知》，并部署各地方政府对通过互联网开展股权融资中介活动的机构平台进行专项检查。

根据有无提供担保，股权众筹可以分为无担保众筹和有担保众筹。无担保股权众筹是指，投资人在众筹投资中，没有第三方的公司参与提供相关权益的担保责任，目前国内这种股权众筹的模式较多。

有担保股权众筹是指，股权众筹项目在进行众筹的同时，有第三方的公司参与提供相关权益问题的担保责任，但是这种担保有一个担保的固定期限，目前国内这种模式只有货帮的众筹项目才会提供。

与传统的融资方式相比，股权众筹灵活度高并且融资成本低。借助于股权众筹平台，企业能够突破地域及渠道限制进行融资。

14.1.3 股权众筹的趋势

目前在全球范围内，因为各个国家都面临着就业、经济增长的挑战，股权众筹因其可以为中小企业的资金短缺提供帮助而受到越来越多国家的重视。经过几年的发展，股权众筹平台在商业模式、产品形态、发展思路等方面越来越清晰。为了方便投资者在投资时有个清晰的认识，现在解析一下股权众筹的趋势。只有把握了大的方向，投资时才能抓住主流。

一、股权众筹在全球化的布局和整合将进一步加速。

随着各国政策的落地和该行业的日益成熟，股权众筹将进入规范发展的阶段，下一个发展的重点就是资源整合和全球扩张。一方面，股权众筹平台会加大资源整合的力度，在深挖垂直领域的同时加紧布局相关各业务链条，为投融资提供更为体系化、专业化的服务；另一方面，各大股权众筹平台将会把"全球化"作为布局的重点，它们会加快走出去的步伐，从

而扩大平台服务覆盖的范围，打破地域限制，实现全球投、全球融。

二、中国的股权众筹行业将进入新一轮加速洗牌期。

随着法律法规的公布，火热的中国股权众筹市场将会降温，这从新增股权众筹平台的数量就能看出。目前看来，巨头们已经完成了股权众筹业务的布局，投资者在选择上将更加看重平台口碑及合规性。在多重力量的推动下，伪股权众筹平台和实力弱小平台将会加速离场，只留下一些实力雄厚的平台。

三、构建大数据平台，优化投融资服务成为重点方向。

随着投资人数和项目基数的增加，建立股权众筹行业的大数据平台成为了发展趋势。对于投资者来说，有了大数据平台，可以有针对地筛选项目，能够获得专业的资料；对于创业公司来说，根据平台的大数据可以对自己行业的发展特点、竞争态势、未来方向等做出一个专业的判断和预测，以便更好地制定公司的发展战略；对于平台而言，大数据平台能够进一步加强平台的风控能力，优化投融资服务。这是一个对三方都是利好的事情。

四、移动端成为重中之重，平台的布局将进一步加速。

通过一些数据比较我们不难看出，未来一定是移动互联的时代。并且从统计的数据看出，目前的股权众筹用户多为80后。虽然这部分群体的经验和财富仍然有限，实际投资能力相对较弱，但是未来一定会成为投资的主力。大力发展移动端业务将成为未来股权众筹平台的重要任务。

五、平台移动端的发展将进一步促进社交场景的搭建。

经过研究发现，股权众筹平台超过60%的用户来自于熟人的介绍。随着移动互联的到来，社交场景对于项目、行业、热点、兴趣、熟人等诸多维度的搭建有了更大的空间，实时性、互动性和便捷性也会更高。所以，

未来股权众筹平台势必将重视社交场景,尤其是移动端的社交场景。

六、专业化的重要性被充分认识,将成行业发展核心。

股权众筹平台生存和发展的基础是专业化。投资人的日益成熟、监管政策的不断出台、行业实践的深入等等诸多因素,都在把股权众筹向着更加专业化的程度推进。

14.2 股权众筹的理财法则

我国的股权众筹从2011年发展至今,只有数年时间,其间产生了大量众筹平台。2014年,更被称为中国众筹的"元年",全球众筹峰会于5月22日在北京召开。从此,股权众筹更是成为了关注的焦点。

下面就为各位投资者介绍一下股权众筹投资时应当遵循的理财法则:

14.2.1 股权众筹的运营模式

根据我国的法律、法规和政策,股权众筹的运营模式主要有凭证式、会籍式和天使式三大类。

一、凭证式众筹

凭证式众筹指的是,在互联网通过买凭证,并且通过股权的捆绑形式来进行募资。出资人需要支付资金,并取得相关凭证,该凭证又需要和创业企业或项目的股权直接挂钩,但投资者不能成为股东。

举个例子：

2013年3月，某植物护肤品牌高调在网商平台销售自己公司的原始股：该品牌对公司未来1年的销售收入以及品牌知名度进行估值，并拆分成2000万股，每股价为1.8元，100股起开始认购，计划通过网络私募200万股。

股份以会员卡的形式出售，每张会员卡面值人民币180元，每购买1张会员卡赠送股份100股，自然人每人最多认购100张。

早在该护肤品牌之前，某传媒公司也采用了大致相同的模式：即出资人购买会员卡，公司附赠相应的原始股份。这一举措，也一度在业内引发了轩然大波。

需要说明的是，这两个品牌的运营模式都违反了国内做凭证式众筹的规定。于是，上述两个公司在众筹投资的过程中都不同程度被相关部门叫停。

二、会籍式众筹

会籍式众筹指的是，在互联网上经过熟人介绍，出资人付出资金，直接让投资人成为被投资企业的股东。我国最著名的例子就是"3W咖啡"——

2012年，3W咖啡通过微博招募原始股东。每人可购10股，每股为6000元，相当于每人6万元。不少人都觉得，6万元只是一点小钱，花点小钱就能成为一个咖啡馆的股东，何乐而不为呢？

在3W咖啡馆，能够结交到更多人脉，也可以进行业务交流。很快，3W咖啡便聚集了一大帮知名投资人、创业者和企业高管等，还聚集了沈南鹏、徐小平等数百位知名人士，其股东阵容堪称华丽。

3W咖啡引爆了中国众筹式创业咖啡在2012年的流行。没过多久，几乎

每个规模化的城市都出现了众筹式的咖啡厅。应当说,3W咖啡是我国股权众筹软着陆的成功典范,具有一定的借鉴意义。

但也应当看到,这种会籍式的咖啡厅很少有出资人是奔着财务盈利的目的去的,更多股东在意的是其提供的人脉价值、投资机会和交流价值等。

三、天使式众筹

天使式众筹与凭证式众筹、会籍式众筹不同。天使式众筹更接近于天使投资或VC的模式。也就是说,出资人通过互联网寻找投资企业或项目,付出资金或直接或间接地成为该公司的股东,同时出资人往往伴有明确的财务回报要求。

举个例子:

假设某个创业企业需要融资100万元,于是在网站上发布消息,出让20%股份后,投资人甲做领投人,出资5万元;投资人乙、丙、丁、戊做跟投人,分别出资20万、10万、3万、50万、12万元。

在凑满融资额度后,所有出资人就可按照各自的出资比例占有该创业公司20%的股份。然后再转入线下,办理有限合伙企业成立、投资协议签订、工商变更等手续,该项目融资计划就算胜利完成了。

确切地说,天使式众筹是股权众筹模式中最为典型的代表。它与现实生活中的天使投资、VC除了在募资环节通过互联网完成外,基本上没有区别。但是,互联网能给诸多的潜在出资者提供投资机会,再加上对出资人的门槛要求很低,所以这种模式又有"全民天使"之称。

14.2.2 股权众筹适合普通人吗?

股权众筹最重要的就是"筹"。而股权的案例大多数仍然停留在产品众筹上,比如众筹一本书、众筹一台无人机等等。

这是因为国内的投资者对于股权众筹投资还存在误区:

众筹股权投资经常被误解成"预期年化收益高""盈利周期短"。可实际上,一个企业发展规模的建立至少需要三到五年时间。因此,每当投资者在短期内看不到众筹带来的预期年化收益,而其他投资者又在股票基金上快进快出时,就会对众筹出现焦虑。

事实上,股权投资的预期年化收益率未必会低于其他投资种类,所谓"放长线,钓大鱼"就是这个道理。就拿著名的天使投资者徐小平和熊晓鸽为例。他们每个投资项目的预期年化收益少则十倍、多则百倍。

股权众筹是基于互联网的投融资交易社区。衔接两端:一端聚焦于生活领域的投资,接触的是走在时代前端的产品和服务。而另一端衔接的则是财富金字塔中间的巨大人群。

股权众筹投资让一些普通人有机会接触到著名天使投资人。互联网技术改变了投资的结构,能够在股权投资的两端实现普通投资人点石成金的愿望。

实际上,不管是互联网金融领域的改革也好,股权众筹行业也好,投资者,尤其是普通投资者,最关心的一直都是如何保证自己资金的安全问题。在这方面,股权众筹也有其独特意义。

投资者可以通过股权众筹来获得某一家公司的股权。因此,投资者的预期年化收益还有一个来源就是公司分给股东的红利。如果投资者选择了一个好项目,不仅能让自己在短期内获得预期年化收益,还可以获得长期

预期年化收益。毕竟当一家公司上市后，股权的价值往往是翻倍的。

当今的市场也存在很多通过获得原始股为由头的投资公司。针对此等情况，相关监管部门已对股权众筹市场进行过规范。当然，这些市场因素也给了股权众筹平台一个刺激，让其在风控与信息公开方面可以做得更好。

资本市场，从早期私募到IPO公募，有两个必须要遵循的规律——

一、投资回报和风险匹配：这一点比较容易理解。风险与回报的规律，也是近代金融理论的基础。早期项目风险巨大，回报也高。

二、投资人的风险承受能力必须要和风险相匹配：投资人的风险承受能力和风险必须匹配，这一点毋庸置疑。早期的项目不仅要求投资者有充足的资金，还要求风险承受能力要强。此外，投资者还需要有很强的判断能力。在过去，可以说投资只是少数人的游戏。

在众筹的时候，往往会把金额降低到单个普通投资人可以接受的程度，给人以低风险高回报的误解。额度低难道就等于风险低吗？投资人的承受能力不仅仅同额度有关，也和可以支配的财富有关。

几万元对于天使投资人来说很少，但是对于一个普通人来说却也是一笔可观的数额。所以，降低额度其实降低的是准入的门槛，而并没有降低项目的风险。普通投资者，应当视自己的实际能力而定。

14.2.3 股权众筹的优势与法则

股权众筹是当今投资业界出现较多的一个词。现如今，有很多人都热衷于股权众筹。与其他投资产品相比，股权众筹模式到底有哪些优势呢：

一、股权众筹给投资者提供了一种成本低廉、流程简化的融资模式。

二、参与股权众筹的门槛较低，对项目发起人的资质和平台要求都不高，且申请过程比较简单，程序也比较透明。

三、一般来说，众筹募集规模相对较小，较容易实现。

四、股权众筹能把好的创意快速转变成产品，打入市场，扩展品牌影响力。

那么，股权众筹除了筹钱之外，在内在还具有哪些需求呢？业内有一句话，正是对股权众筹的简单概述——筹人、筹钱、筹资源。下面，我就详细介绍一下股权众筹的法则：

股权众筹的项目众多，参与投资的人数也相当多。每名参与者都有可能给项目方带去金钱以外的资源，这是线下单一投资机构或投资人所不能与之并肩的。这种资源可能是人脉、渠道、智慧、场地，也可能是某些行业内鲜为人知的经验、技能、商业规则。

理解到了这一点，投资者就更能理解股权众筹的项目并不是一个在线下不能融到资的项目，反而是线下的抢手项目。投资者宁愿拒绝线下投资而选择采用股权众筹，甚至愿意接受比线下投资更低的估值。

股权众筹项目应当在融资额度方面有一些限度。投资者都知道，股权众筹参与的人数众多，可其中有不少投资者都还没有过股权投资的经验。还有一部分投资者只想通过其他的理财渠道，分出一些资金来做尝试。毕竟与其他投资方式相比，股权众筹还不是当前股权投资市场的主要渠道。

一般来说，股权众筹项目的融资区间应为50万到500万元。过低的融资数额可能会因运作成本过高而不具备操作性；而过高的融资金额，则会超过合伙企业有限的人数限制。

此外，众筹融资项目的领域不能过于生僻，产品和技术范畴也不宜太过高精尖。毕竟股权众筹的投资者只需坐在电脑前就能做出投资的决定，

不像传统的精英投资方式,需要聘请专门的高学历人士来做行业分析。

如果项目晦涩难懂的话,那么普通的投资者是很难做出投资的判断的。因此,过于生僻和高精尖的项目一般不适合做众筹。

作为一个理想的众筹项目,在设计前期产品时一定要考虑到满足投资者的财务投资需求,还需让其获得某种特别回报,比如免费投资体验、赠品、样品试用、终生VIP会员等。

这样投资人投资了一个项目,同时还能收获到非股东所不能享受的特别待遇,内心会非常愉快,会提高其参与的兴趣。

14.3 股权众筹投资的风险及防范

互联网金融的快速发展,让股权众筹进入到普通投资者的视线,但是股权众筹属于高风险的投资范畴,其对应的应是与高风险相适应的合格的投资者。但是国内目前还没有相关的法律法规对合格的投资者进行明确说明,所以普通投资者在对股权众筹进行投资时先做好风险防范是非常必要的。

14.3.1 股权众筹存在的问题

海龟的小然一直都对咖啡情有独钟,回国后想如果把国外正宗的咖啡搬到国内该多好,可是如果开家咖啡馆自己的钱又不够,同十多个朋友合计后,大家一起众筹开了一家咖啡馆。借助于朋友各自的强大背景和名气,咖啡馆红红火火地开业了。

赢了利的咖啡馆的股东们,就盈利的钱是继续投资还是分红发生了分

零基础投资理财课 *Lingjichutouzilicaike*

歧，还有在如何管理咖啡馆方面也是意见不统一，各种问题接踵而来，创业初期的激情已经不复存在，大家对于处理日常的繁琐问题都各持己见。在这样的情况下，咖啡馆开始出现亏损，最后不到一年咖啡馆就关闭了。

随着股权众筹从概念变为实践，"股权众筹是否构成非法集资"已经不再是法律角度的焦点。现在股权众筹面临的问题，已转向操作层面，即：股权众筹怎样操作、怎样平衡众筹股东和众筹公司的利益？如果无法解决这些问题，将会给投资者带来一系列实际纠纷。现简单总结一下股权众筹存在的问题。

股权众筹的典型是众筹咖啡馆、众筹天使投资，众筹款作为股权出资被注入公司，投资人成为众筹股东、持有公司股份。所以，股权众筹不可避免地涉及到公司股权架构、公司管理模式，让项目进行的过程变得更为复杂。

一般股权众筹导致股东的数量非常多，但是公司法规定，有限责任公司的股东不得超过50人，非上市的股份有限公司股东不得超过200人。因为法律对公司股东人数的限制，所以导致大部分众筹股东不能直接出现在企业工商登记的股东名册中。在投资时需要注意这一点。

我们可以把众筹股东作为有限合伙人，众筹发起人作为普通合伙人。按照合伙企业法的规定，有限合伙人不得参与管理，公司由普通合伙人负责管理。众筹发起人就可借助其普通合伙人的身份，来控制众筹股东的投资及股份。

众筹股东众多并且相互之间互不认识，大部分股东只是为了享有投资回报而不在意是否参与决策，导致股东对公司经营管理层的控制力被严重削弱。这将导致股权众筹公司面临着如何确保部分股东及其操纵的管理层

不会侵犯公司及其他股东的利益这一道德问题。

14.3.2 关于股权众筹，投资人不得不知的坑

因为股权众筹公司发展得太过迅速，导致道德风险接踵而至，形成了一个又一个"坑"。

第一个坑：在股权众筹中股东的身份没有直接体现。

如果股权众筹是委托持股模式，在工商登记中只显示实名股东的名字，众筹股东的名字将无法体现。虽然从法律上说委托持股是合法的，但是还需要材料证明众筹股东有委托过实名股东。在大多数时候，这种委托关系是股东间的内部约定。如果没有书面文件，或者其他合法证据，到时众筹公司和实名公司不认可众筹股东的身份的话，众筹股东将有口难辩，在投资时要提前预防。

第二个坑：众筹股东无法参与公司经营。

在大多数众筹项目中，虽然众筹股东是公司的股东，但是很难行使股东的权利，无法亲自参加股东会，更别说在股东会上的表决和投票了。如果众筹股东无法参与决策，那么他们的利益又怎样得到保障呢？众筹公司收了股东的钱，却不诚心为公司办事，不努力把公司经营好，或者把公司的资产挪为己有，这将使股东的利益无法得到保证。

但是如果让众筹股东参加股东大会，那么每次大会将有几十上百人来参加，这样对协调与决策又会造成很大的障碍。毕竟组织有几十上百人都参加的股东会是非常艰难的。因为人多嘴杂，难以对股东大会上可供讨论的议题、问题达成共识。并且在股东大会中，因为众口难调，想要过半数通过任何表决也会困难重重。如果让众筹股东都参与决策，则将会严重削

弱公司决策的效率。在现实中，很多众筹咖啡馆都因为"一人一句"的混乱决策权而最后导致散伙的窘境。

第三个坑：众筹股东无法决定是否分红。

众筹股东参与众筹，很多时候是看中了众筹公司的盈利能力。可是，公司法并没有规定公司有可分配利润就必须分红。利润分配方案需要股东会进行表决，只有通过了才能根据这个方案向股东分配红利。如果没有通过，或者股东会根本就不提出这个议题，即使公司账上有大笔的税后利润，众筹股东也无法拿到。众筹公司随便以一句"那些利润是要用于公司的再投资的"，就把众筹股东打发了。

在投资之前要想到保护好自己合法权益的办法，在公司章程中约定强制分红的条款，比如如果有税后可分配利润，那么每年必须要在指定的日期向众筹股东分配。

第四个坑：入股方式随意化。

前面的三个"坑"，是在股权众筹操作相对规范情况下遇到的问题，但在现实的股权众筹中常常很不规范。比如，有时朋友张罗说要股权众筹，项目没有看到、公司没有看到、文件没有看到，众筹的款项就打到了发起人个人的银行账号里。而对于这笔款到底是什么性质，谁都无法说清。

从法律上说，这笔钱可以理解为实物众筹，如果发起人打算开发个智能硬件，大家众筹给他的钱不是获得公司的股份，而是预付给他的货款，到时候给众筹股东一个产品就算完事了。

这笔钱也可以理解为借款——众筹投资人借钱给发起人，到时候发起人还钱、最多加点利息。而以后公司估值再高、股权再值钱、有多高的分红，都跟众筹投资人没有半毛钱的关系了。

所以,众筹的股东在掏钱之前必须要先弄明白,你的投资款到底获得的是什么?如果是股权,代持协议或入股协议签了吗?股东投票权是怎么说的?分红有保障吗?只有把这些东西用法律的文件明确下来才会有些许保障。即使是亲人、朋友也是"先小人后君子",提前把这些明确下来,以避免一些不必要的麻烦。

第五个坑:把自己当作风险投资人。

绝大多数股权众筹的股东都是普通老百姓。这导致众筹投资人不可能有大量的资金去投资很多个项目,一般也就只够投一两个项目,如果把这一两个项目干砸了就会血本无归了。另外,普通投资者不像风险投资人那样对行业有深入的研究,对项目商业可行性的判断相对专业,普通投资者更多的是听信众筹发起人的鼓吹,缺乏专业的判断,所以投资的风险会更高。

所以,普通人参与股权众筹不要像风险投资人那样投资大项目,最好是投资一些传统的行业,这样收益可预期、持续且稳定,最好不要追求高风险、高回报。在自己熟悉的行业或者是地域进行投资,并且认真考察自己的投资项目,不要轻信任何人的话语,应有自己的判断。

股权众筹投资者可以借鉴风险投资人的投资原则——"投资就是投人",要找一个值得信任的众筹发起人,或者保障机制完善的众筹平台进行投资,只有这样才能给自己的投资增加一份保障。

14.3.3 股权众筹投资的风险及防范

作为一种新型的融资工具,股权众筹也存在着诸如法律、信用、知识产权侵害等等风险,下面介绍一下其风险及防范措施,以期为投资者在投

资时保护自己的合法权利提供助力。

一、来自众筹平台的风险及防范措施。

因为我国对股权众筹融资项目和投资人的法律法规还不完善，导致一些股权众筹平台按照自己的标准来审核项目及投资者。这让一些项目投资人故意隐瞒项目的风险或者夸大预期收益，让一些投资者难以判断出项目的风险。

另外，我国的股权众筹平台缺乏有效的行业监管，会产生一些非法发行证券和非法集资的风险。同时，众筹平台还存在着对资金监督和管理的风险。

针对这些风险，要求众筹平台加强对投资者和融资项目的审核，及时准确地把项目的真实信息告知投资者，从而保证投资者的利益。同时，平台应正确评估融资项目，对融资期限和金额做一个合理的规范，绝不打法律的擦边球。出于对融资资金安全的考虑，众筹平台可以选择一个可以信赖的第三方平台或者银行来管理资金。

二、对筹资者权力及项目信息的保护风险及防范措施。

在对融资项目进行宣传时可能导致项目的创意、技术或者商业模式被泄露，或者被别人盗用，而未申请知识产权的项目无法得到法律的保护，这影响到了众筹项目的竞争力。

这要求加强对众筹项目的知识产权进行保护，实行优化推广制。也需要项目发起人提高知识产权意识，在项目申报前完成专利权的注册。

三、投资人信息的不对称和权力安全的风险及预防。

现在大部分股权众筹采取的都是"领投+跟投"的模式，一旦领头人和投资人恶意串通达成某种损害跟投人的协议，那么将无法保证跟投人的利益。大多数筹资者都是盈利能力没有保障、发展前景差的微小公司，投资

者能否收到回报存在着很大风险。

这就要求投资者不要盲目跟随领导者进行投资,应对融资的项目进行深入的了解,多学习相关知识,提高自身的素质,根据自身的实际情况进行投资,要有正确的风险意识。对自己的投资项目应随时关注,保证自己的合法权利不被侵害。

在现实投资过程中,股权众筹往往会出现多种风险的相互叠加,投资时应从多方面对风险进行防范,以保证投资的成功。

第十五篇 互联网理财

15.1 敲响互联网理财的大门

互联网金融的兴起与普及,揭开了投资理财的神秘面纱,让人们觉得投资理财离自己是如此之近,平时的零钱放到手机"钱包"中还能产生利息,而需要用这些零钱时又可以轻松花出去,这种躺着就能赚钱的感觉真好。

15.1.1 什么是互联网理财

现在说起互联网理财来估计大家都不再陌生——互联网理财就是通过互联网来管理理财产品,获取一定利益。2017年我国网民已经达到7.72

亿，普及率达到55.8%，其中手机网民已达7.53亿，占比为97.5%。移动网络的快速发展促进了"万物互联"。移动支付的不断深入，让互联网理财用户快速地增长。

互联网理财不是把传统的金融行业与互联网简单地结合起来，它包括以下几层含义。

第一、一些互联网企业提供理财产品，投资者通过互联网平台实现在线投资理财或者融资等。

第二、传统金融行业利用互联网平台提供金融咨询和金融服务，很多银行联合一些互联网企业开始改革，并逐渐向互联网金融渗透。

第三、普通投资者利用互联网进行理财投资。原来股民炒股需要到股市开户操作，现在则只要通过电脑或者手机就能实现轻松开户和随时买卖。

互联网理财降低了门槛，让高大上的理财进入寻常百姓家，并且受到越来越多人的喜爱。在公交车上、地铁站内，人们都能借助一部智能手机，随时查阅理财资讯、随时随地理财。

互联网理财让人人都成为了"理财小专家"，人人都能享受到理财的快乐。互联网思维下的理财，让每个人都有成为富翁的可能，让每个人都有实现财务自由的可能。只要你想，就有机会实现，互联网理财给了你一个翘起财富的支点。

15.1.2 互联网理财的优点

通过理财可以实现财富增值与保值，使越来越多的人加入到了理财大军。互联网理财凭借自身的诸多优点，受到越来越多投资者的青睐。相比传统的银行理财或者信托理财，互联网理财平台更为透明、快捷、简单。

接下来将对互联网理财的优缺点进行简单介绍。

优势一：与银行相比，互联网理财的收益率相对较高。互联网理财产品由于其自身特点，回报率相对银行来说要高。就拿大家比较熟悉的余额宝来说，其利息比银行活期利息就高不少，并且可以随时消费。

优势二：投资门槛低。一般银行理财产品都是5万元起步甚至更多，而互联网理财的起步则很低，一般是100元或者1000元不等。比如余额宝的定期理财大多从1000元起步，还有很多定投以10元起步，这让很多人都能轻松开始理财。相对于传统的理财，互联网理财更"接地气"，可以让人们养成理财的好习惯。

优势三：操作方便快捷。互联网理财不像股票、外汇等投资那样不断地看盘，也不需要经常进行买入卖出的操作，可以通过用手机APP、微信、电脑做到随时随地就可以投资理财。

优势四：有保障。互联网平台逐步引入第三方资金托管方式、风险备付金计划等安全保障手段，风控手段也同时在不断完善，使风险控制得到了很大改善。并且互联网本身就具有透明的特性，如果选择一些正规合法的平台，其风险还是有保障的。

优势五：流动性很好。相对于一些很长的投资，互联网理财有着较为明显的流动性优势，它资金周转快，需要资金时能够更快地拿到。投资时短期长期都可，短则几天、一个月，长则几年，可以根据实际情况及喜好选择最适合自己的。

优势六：节约时间，适合各类阶层人士操作。互联网理财只要有网络、有一部智能手机，在家里、路上、单位，即使是上个洗手间都能操作。互联网理财让理财不再费时费心，不用再去银行等地方排队，只需要一点空闲时间，手指轻轻一点就能实现理财投资。这对于一些时间较紧张

的人来说就是最大的"福音"啊。

虽然互联网理财拥有很多的优点,但是不可否认其同样也存在着不少弊端,现在简单介绍一下:

第一、风险大。互联网理财是一个新鲜事物,开启了理财的新模式,但新生的事物还不成熟。

首先就是来自于信用的风险。目前我国的信用体系尚不完善,互联网金融的相关法律还未配套齐全,互联网金融的违约成本较低,容易诱发恶意骗贷、卷款跑路等问题。特别是一些P2P网贷平台,因为准入门槛低和缺乏监管,最后沦为一些不法分子从事非法集资和诈骗等犯罪活动的温床。

其次就是来自于网络安全的风险。我国互联网安全问题突出,网络金融犯罪的问题不容忽视。一旦遭到黑客攻击,互联网金融的正常运行就会受到影响,危及到投资者的资金和个人信息。

第二、监管有待加强。投资互联网必须要有法可依,这样才能给大家提供一个良好的金融生态系统,才能确保平台拥有完整的理财产品供应链。但是当前的互联网金融还未接入人民银行的征信系统,也没有信用信息共享机制,不具备类似银行的风控、合规和清收机制,很容易发生各类风险问题。

我国的互联网理财还处在起步阶段,还没有监管和法律约束,缺乏准入门槛和行业规范,整个行业面临着诸多政策和法律方面的风险。

总的说来,互联网理财的前景很好,以后一定会成为投资理财的主流模式。

15.1.3 互联网理财的小窍门

刚刚准备开始进行互联网理财的小杨,跟朋友抱怨道:"你说,我到底

零基础投资理财课 Lingjichutouzilicaike

该选哪个呢？这么多看得我眼花缭乱的。"号称"理财专家"的朋友说："这主要得根据你自己的情况来定，看你能用于投资的闲散资金是多少？这些钱大概多久可以用于投资？你的投资取向是保守型还是激进型？"小杨回应道："我就想选个可靠的，存定期吧。"朋友轻松答道："这个简单，我详细告诉你……"

想要做互联网理财，投资者也需要掌握一些相关的小窍门，这样理起财来便会事半功倍，除了增加安全系数外还能提高收益。那么，都需要知道哪些小窍门呢？

虽然不同的人有不同的看法，但是有些技巧还是通用的。大家在进行互联网投资时首先应选择一个十分靠谱的平台进行。俗话说，良好的开端是成功的一半，投资者只有选择了一个好的平台，才能从源头上保证自己本金的安全。

不同的投资平台对于大家的投资会产生不同的影响，一个好的平台能够帮助投资者筛选投资目标，还会不断改进用户体验，并且帮助大家获得即时有效的投资信息。一个好的投资平台能够帮助投资者进行数据的分析和处理，这对于一些非专业的人士来说相当于"甘露"啊。

如果投资者选择了一个不怎么专业的平台，在投资时一方面可能接收不到相关的投资信息，另一方面也会发生平台欺骗的事件。以至于不少投资者不仅没有获得收益，而且连本金都找不回来了。所以在进行互联网理财之前，多花点时间去了解这个平台是非常有必要的。

选好平台后，应对里面的产品进行一个详细的了解，然后投资者对自己的资产状况有个清晰的认识，将自己的资产进行配置。可以把自己的资产分成三份：

第一份是应急的钱,一般是6个月到1年的生活费。这些钱可以放置在那些可以随时取用的货币基金中。这些钱要放在经过你筛选之后的平台里,不要因为贪图高息而随意放置在那些不安全的理财平台。

第二份是保命的钱,一般是3至5年的生活费。这些钱主要是保本,购买一些定期存款、国债商业保险等。这些网上都有,要选择正规的大公司,虽然其回报可能少一些,但是胜在稳妥。

第三份是闲钱,一般是5到10年不会用到的钱。这些钱可以用来购买股票、基金、投资等。如果你不喜欢冒险,只喜欢稳健,只要看到资产变少就会睡不着觉,那么就选择定期存款吧,因为其他投资都会有涨有跌。如何抉择还是在于自己,不要看到别人投资××赚钱了就去跟风,每个人的性格不同,他的选择不一定就适合你。在牛市都有赔钱的,在熊市同样有赚钱的,适合自己的就是最好的。

不同的理财产品,其收益率、风险、周期规律都是不同的,如网贷理财、银行理财等等投资方式收益与期限都是固定的。再如股票、私募等,有相应的资本门槛要求,视类型不同而收益不等,投资者应当结合情况搞清楚管理的差异性。

然后是加强理财意识和风险识别能力。平时应多看与理财有关的文章,一些理财的平台上面都有,平时没事看看,提升自己的能力。平时应养成记账的习惯,花钱的时候要有计划。虽然说钱不是省出来的,但是在没有开源的时候,只能节流了。最好有了收入后,先拿出一部分进行投资,这样坚持几年,你的财富肯定会上一个新台阶。

另外,互联网理财,投资者还应当注重对个人隐私的保护。如对一些钓鱼程序、链接短信、诈骗信息等需要格外留神,切勿将身份证号码、姓名等轻易泄露给对方。

互联网理财是一个长期坚持的"小事业",投资者选择时要注重从长远出发,不要单纯只看眼前的利益而盲目追求收益,要始终谨记"安全第一"的投资原则。

15.2 互联网让你随时随地随心理财

互联网理财产品的种类越来越多,涉及的领域也越来越多,给投资者带来了更大的选择空间。同传统的理财方式相比,互联网理财更加方便、快捷,只需要一点零碎时间就能操作,哪怕相隔万里也能随时买卖。

15.2.1 手机银行的兴起

随着移动智能终端的发展和普及,智能手机、平板电脑的用户越来越多,手机银行也普及开来。如今,手机已不再只是一个通信工具,还变成了一个个人理财的终端。手机炒股、手机订餐、手机订票、手机购物、手机支付……手机已经成为我们日常生活中不可或缺的"小伙伴",现在出门别的可以不带,但是手机是必须要带的。

时代的变化,迫使银行纷纷推出自己的手机银行。手机银行兼具银行柜台的功能,还有网上银行和电话银行的优势。通过它可以实现在线处理业务,方便快捷,即方便了用户,还减少了银行的人工成本。

我们可以通过手机APP下载各大银行的手机客户端,也可以去银行网点让工作人员给下载,或者可以从官网下载。各大银行除了个别业务不同外,其他都是大同小异的,主要业务包括账户管理、转账汇款、个人贷款、缴费业务、股票交易、基金交易、国债业务、外汇业务、贵金属、保

险业务、公益捐款等。

不过,因为手机病毒的存在,导致大家对手机银行的安全性出现了担忧,其实手机银行的安全不亚于网络银行的安全。银行一般都设置了较为严密的账号安全措施,除了身份证认证外,还有绑定手机的动态验证码。我们主要还是应提高自身的风险意识,熟悉手机银行的各个操作,不给不法分子以可乘之机。

《2017年中国银行业服务报告》显示,手机银行的个人客户达15.02亿户,全年网上银行交易达1171.72亿笔,仅手机银行交易就达969.29亿笔,同比增长103.42%,交易金额达到了216.06亿元。从这组数据可以看出,手机银行的未来有很大的空间。

15.2.2 微信钱包,不仅仅是钱包

作为移动互联网的巨头,微信把金融理财服务与生活消费绑在了一起,叫作微信钱包,几乎囊括了生活的方方面面,并且还推出了自己的理财平台——理财通,里面包含了货币基金、保险产品、定期产品、券商产品、指数基金共计五类理财产品。对于其他的功能这里就不再解释了,这里主要介绍一下微信的理财通。

理财通中属于货币基金中的理财产品目前有四个,它们都是属于灵活存取的产品,由汇添富基金全额宝余额+、易方达基金理财、南方基金现金通E、华夏基金财富宝四家基金组成。投资时通过7日年化率进行比较,可选择高收益率的,也可以随时更换,这样能够保证收益的最大化。

使用汇添富基金全额宝余额+的好处是,可以购买微信平台上的所有理财产品,并且支持大额买入,不受银行卡支付限额的影响。一般银行手机

端的支付限额是5万元以内,而使用余额+则没有这一制约。

如果想买微信平台的理财产品,可以先把钱转到余额+,既有利息还能购买。其他的三种货币基金也是支持随时购买、随时可取,最快5分钟到账,快速取是每日限额6万元,普通取出不限额度,T+1日到账。买卖注意不要赶在每周五。

微信理财通中的定期产品,主要是短期理财,如一个月或两个月的。这是属于封闭期的理财产品,如果是一个月期的,则到期之前不能取出,到期后可以取出至余额+、银行卡或者直接购买下一期。在到期日前一天15点前随时修改取出方式,可随时购买,1000元起购,其比银行的起购点要低。

理财通中的保险产品分为可以灵活存取、千元起购的和封闭一个月、万元起购的,这些由各大保险公司发行、承保或管理的产品,受中国保险监督管理委员会监管,投资范围广,主要用于投资流动性资产、固定收益类资产,不过不参与二级市场投资,安全性高,收益稳健。其大多是1000元起购,随时可买,并且单笔不能超过19.9万元,收益的计算时间与收益的取出方式与上节中的定期产品相类似。

理财通中的券商产品,是由国内大型证券公司或者其资管公司提供的有固定投资期限的理财产品,主要包括集合资管计划、报价回购。证券公司提供足额质押物,由国家法定机构保管。报价回购属于低风险,都是1000元起购,1000元的整数倍追加,每个交易日的9点开售,当日售完就只有等下一期,封闭期内不可取出,它们在购买后的封闭期收益率为约定值,并且首次买入该产品时,额外需要一天的时间来认证,T+2日才开始计算收益。投资者了解后可购买。

理财通中风险高的指数基金类理财产品就不再一一介绍了,有兴趣的可以自行了解。

微信的理财通虽然说风险低,但是没有谁给你保证一定保本保息,任何投资都是有风险的,进行投资之前应先判断一下自己的风险承担能力,再选择适合自己的投资组合。另外,微信也存在盗号盗刷的风险,使用时一定要注意安全。

15.2.3 如何使用余额宝轻松理财

在上班的路上,月华打开了余额宝,查看一下昨天的利息收入,又顺便看了看里面的一些财经新闻,判断最近什么样的股票或者基金会涨,然后仔细查看一下自己买的几只基金,看看调仓了没有,今天要不要加仓。看着里面显示的昨天的收益,月华很开心,离自己的目标又近了呢!

经过一番红包大派送的轰炸,几乎人人都知道了支付宝。饭店,财产,商店,流动小摊位,公交车上都是扫码领红包的宣传。余额宝是支付宝打造的余额理财服务,但是不是支付宝,把钱放在支付宝中是没有利息的,但是放在余额宝里则会有利息,并且这个利息比银行的活期要高多了,且随时可以提取出来。

现在国家出台了新的监管政策,因为余额宝的存款太多,额度是一限再限,目下每个账号最多只能放置10万元的资金了,并且还不是随时可放,是每天早上9点开售,每天的额度用完就不能再转入了。

尽管跟其他货币基金相比,余额宝的利息不是最高的,但却是存款额度最大的。从余额宝的火爆我们可以知道,相对于其他货币基金来说,余额宝兼顾了安全性与收益率。

但是余额宝理财也有风险。不过购买货币基金不等于把资金存放在银

行或者存款类的金融机构。任何基金公司都不能保证基金一定会盈利，也不会保证最低收益。虽然从出现到现在为止余额宝没有亏损过，可是只要是投资都是有风险的，只是风险程度不同而已。

余额宝的风险主要有哪些呢？首先是货币基金收益不稳定。它主要用于投资国债、银行存款等有价证券，收益受到货币市场的波动而不稳定。并且它不等于将资金作为存款存在银行，不能保证基金肯定盈利，也不能给你保证最低收益。

尽管余额宝的基金经理表示，出现负收益的可能性几乎没有，但金融领域里的"黑天鹅"事件也还是发生过。像美版余额宝Paypal的货币市场基金，因为金融危机出现大幅度亏本，最终无奈退出了市场。

手机、身份证丢失、账户被盗都会给余额宝理财带来风险，如果出现这样的情况应立即挂失手机号，并联系支付宝客服95188冻结支付宝账户，然后挂失身份证。

之前也出现过好几起用户余额宝资金被盗事件。不法分子借用户网购和下载的机会，诱使用户安装木马，用户一旦使用余额宝，木马就会通过篡改页面或金额的方式使资金自动转账。

除此之外，还有人通过用假身份证补办他人的手机SIM卡，通过手机短信修改支付宝密码实施资金转移。不过，余额宝有承诺用户被盗只要不是其自己的问题，支付宝都会极速赔付，最多赔付额为100万元，这个比银行要好多了。

最后就是监管的风险，现在余额宝的规模的确是太大了，太大了之后，一些平时看起来不是风险的风险可能会造成大的影响。这可能也是个人限额从100万元降至10万元的原因之一吧。

通过余额宝理财时要注意，一般每天15点之前转入余额宝的资金，在

第二个交易日由基金公司进行份额确认，对已确认的份额，基金公司当天产生的收益在次日下午15点之前会在余额宝中显示。

如果是在15点后转入的资金会顺延1个交易日确认，双休日及国家法定假期，基金公司不进行份额确认。如果是周四15点后转入的话，则只能等到下周一才能确认份额计算利息，如果想要投资应注意转入时间，最好是在周四15点之前。注意转入时应是错开节假日，因为那几天是没有利息的。

余额宝每天的收益都不同，收益计算公式=（余额宝确认金额/10000）×当天每万份收益。大家可以根据比较确定自己是否进行投资，并且投资多少。利息每天结算，并且是复利，就是"利滚利"。

余额宝作为个人小额现金管理工具，风险低，收益也不错，平时放进去几千、几万元，购物消费都很方便，适合于小额理财，可根据自己的实际情况决定放多少。

15.3 互联网理财的风险

什么事情都是有利必有弊，互联网理财也不例外，尽管有很多的便利之处，但是作为新生事物的互联网理财也存在着不足。在利用互联网理财时，我们应警惕各种骗局，不要被暂时的利益所诱惑，要坚持自己的理财原则，不要把投资变成投机。

15.3.1 数字货币的投资风险

2017年比特币火爆了全球，一枚的价格就超过了10万元人民币，价格是过山车式的跌宕起伏，心脏不好的人根本就承受不了。比特币的火爆

零基础投资理财课 Lingjichutouzilicaike

还带动了一大批数字货币的繁荣，让原本大家都没听过的各种币种都出现了，比如莱特币、狗狗币、达世币、门罗币等。一直主张价值投资的股神巴菲特说："比特币的内在价值几乎为零，这是一场海市蜃楼。"

随着互联网的发展，人们的支付方式发生了巨大变化，曾经我们买房要拿一捆捆的现金，到后来只需要带一张银行卡就能解决，而现在随着移动支付的广泛应用，只要带着一部手机"扫一扫"就能轻松解决，我们已经习惯了看不见现金的日子，我们看到的只是一个个数字。

数字货币是指对货币进行数字化，是电子货币形式的替代货币，数字金币和密码货币都属于数字货币。数字货币不是虚拟世界中的虚拟货币，因为它可以用来购买真实的商品和服务，而不像虚拟货币那样仅仅局限于网络游戏等虚拟空间之中。

在使用数字货币交易时，主要涉及到数字货币开户、充值或提现、交易三个环节，涉及的风险主要包括：安全系统、撮合系统、对账系统和风控系统等。投资数字货币的风险一般分为交易风险、信用风险、经济风险和政策风险。其中交易风险最普遍也最直接影响到投资者的利益。

投资数字货币的主要风险有以下几点：

第一，数字交易资金安全的风险。在投资者的数字资产放入交易市场后，交易平台作为资产的受托管理人，需要具备强大且安全的企业级别钱包和良好的企业信用，这样才能管理众多投资者的资产，否则如发生交易平台转移资产事件，投资人将无法追索其资产。而比特币的交易平台，就遭遇过多起平台被盗的事件。

第二，数字交易市场风险。数字货币市场是24小时运转，并且对涨跌幅没有限制，数字资产的走势受到很多因素影响，其价格走势很难控制；另外，数字资产投资者已经不单单是风险投资，有的庄家或平台还会为恶

意串通、误导投资者、操控币价创造巨大的空间。这样的投资已经是投机了，还是远离为好。

第三、数字交易高杠杆风险。在数字资产交易市场中，没有投资者准入及杠杆率限制，导致散户投资者将承担较大的亏损风险。

第四、网络安全风险。对于数字货币的投资者来说，数字货币的交易平台会有来自庞大的交易量及外部的攻击。对于投资者来说，如果不交易，就把数字资产放入冷钱包中较为安全，如果参与投资市场就必须使用热钱包，热钱包就意味着允许外部联网访问私钥，从而引发其数字资产被盗的风险。

第五、山寨币的信用风险。在比特币火爆后出现了很多山寨币，它们是对比特币源代码的复制，还有少数借鉴了其他技术模型，所以它的货币策略、工作量证明机制、更强的匿名性等也和比特币有所区别。以至于一些心怀不轨的开发者在开发新的虚拟币之前，就将发行总量的一部分据为己有，等虚拟币有了一定价值或上了交易平台之后则大量抛售变现，使矿工和投资人遭受巨大损失。

这些风险在准备投资数字货币之前应了解清楚。部分投资人对数字资产投资不是出自于对项目和技术的了解，而是把数字货币看作是"一本万利"的投资渠道，从而引发了很大的风险。另外，这个市场缺乏监管，导致出现一些虚假项目还有非法传销等，这些都给投资者带来了巨大风险。

15.3.2 互联网投资陷阱大揭秘

互联网投资已经成为一大趋势，在这里通过一些典型案例让投资者了解互联网投资的陷阱，从而识别骗局，提高投资风险的防范能力。

陷阱一、庞氏骗局。

这是一场披着华丽外衣的"拆东墙补西墙"老牌陷阱了,但是仍然存在。轰动一时的"×租宝""×宝网"等网络平台就是利用人们贪图高收益的弱点,抛出利息高达40%-60%的诱饵,向公众吸纳巨额资金。

这类骗局通过超高收益率的回报,吸引"接盘侠"来维持繁荣的假象,如果"接盘侠"数量不够必将崩盘。

陷阱二、虚拟货币。

这是一场由比特币引发的紧跟风口的新潮骗局。2017年湖南涉案16亿的"×卡币"就是以投资虚拟货币为名,宣称高额返利,吸引参加者继续发展他人参加而骗取财物的。还有很多其他的币也被陆续曝光。

陷阱三、消费返利。

这是伪装成公益消费的网络传销陷阱。2017年广东省打掉了一家"*公益"的全返型消费平台,令人惊讶的是在短短一个月时间该平台就吸纳了10亿元资金,不过已全线崩盘。这是一种新型的传销,与传统传销有所区别的是,犯罪行为在网上进行,并且没有实物交易。

陷阱四、借款佣金。

这是最常见的网贷诈骗形式。随着网络贷款的普及,一些犯罪分子开始利用网贷平台进行违法犯罪,最为常见的一种就是"借款佣金诈骗"。简单地说就是让受害者提供个人资料,在网络借贷APP上借款,如果受害者能够按时还款的话就根据借款额给予一定比例的"佣金",骗取受害者信任,然后在背后把借去的钱据为己有。当该账号借款达到一定程度,不再具有利用价值时,便切断与受害者的一切联系。

陷阱五、钓鱼网站。

其仿冒真实网站的地址或页面,然后进行诈骗。一些不法分子假冒

知名企业或者知名产品的网站,有的甚至在百度上做推广,方便用户在搜"理财"时让这个钓鱼网站排在前几位,当用户点进去后便会开始实施犯罪。其很有迷惑性,大家投资时应仔细核对,对陌生的网站要多方查证,尤其是那些高息的更要小心。

老张在网上浏览投资平台时,发现了一家投资网站的理财项目收益率很高,于是开始在该网站创建投资账户,并通过网上银行向该账户注入了30万元投资款。但是30分钟后,老张再去查询自己的账号时却发现资金被清零,账户、密码和手机号码均被改动,这时老张才意识到误入了"钓鱼"网站。

陷阱六、网络外汇理财。

这类是包装得高大上的投资平台,易设置陷阱。目前国际上公认的外汇交易监管机构主要有英国金融行为监管局(FCA)、美国期货业协会(NFA)、澳大利亚证券和投资委员会(ASIC)。有一些国家和地区也会颁发相关牌照,但监管的效力较低。目前中国市场上一些面向境内用户的互联网外汇理财平台隐藏着一些典型的投资陷阱,投资者在投资之前应仔细分辨,不要上当。

有的外汇理财平台对外宣称"资金安全,只赚不赔",甚至承诺高额回报,这都是违反中国法律规定的。他们在交易过程中存在着"暗箱"操作,蚕食着客户的资金。

互联网理财开启了理财的新篇章,其在带来便利的同时,也让投资者遇到了不少新的风险。只有分清那些"妖魔鬼怪",才能在理财路上走得更稳、更长、更好。